D1196093

APOLLO

CECI EST UN LIVRE DE CUISINE

GIOVANNI

APOLLO

CECI EST UN LIVRE DE CUISINE

PHOTOGRAPHIES DE MAURICE RICHICHI / ILLUSTRATIONS DE JEFFREY ROSENBERG

BIBLIOTHÈQUE
AHUNTSIC
VILLE DE MONTRÉAL

RETIRÉ DE LA COLLECTION
DE LA
BIBLIOTHÈQUE DE LA VILLE DE MONTRÉAL

Les Éditions
Transcontinental

À TABLE TOUT LE MONDE !

Aussi loin que remontent mes souvenirs, la cuisine a toujours été pour moi un centre névralgique. Durant mon enfance, en Italie, les grandes décisions se sont toutes prises autour de la table. **AU MOMENT** de préparer les aliments, pendant que mijotait le repas ou que nous mangions, mes parents débattaient une foule de questions existentielles. Ils parlaient des tournants de la vie, petits ou grands. Qu'achètera-t-on au marché du village aujourd'hui? Où ira-t-on passer le week-end? À quelle heure l'oncle Salvatore passera-t-il à la maison? Que mangera-t-on demain? À quelle école enverra-t-on le petit l'année prochaine? **MALGRÉ** les déménagements et les changements de pays, de langue, d'époque ou même de climat, je me rends compte que rien n'a changé : la plupart des conversations importantes, dans ma vie, ont encore lieu autour de la table. « Maman, je t'annonce que je déménage au Québec, c'est là que je souhaite passer les 10 prochaines années. » « Jacques, je cherche un local dans la Petite Italie pour y ouvrir mon prochain resto. » « Mon amour, un deuxième enfant, qu'est-ce que tu en penses? » **IL Y A** la table des grands événements : premiers flirts, repas de noce, rassemblements de famille… Il y a aussi celle de tous les petits riens qui pimentent l'existence. Vous savez, les repas de semaine, aussi bien le midi que le soir, peuvent se transformer en fêtes si on les partage avec les gens qu'on aime. **APOLLO**, le livre, est un guide pour tous ces moments. À l'aide d'aliments et d'épices qui vous sont familiers, je souhaite mettre de la couleur dans vos assiettes et dans vos vies de façon simple et accessible. Dites-vous qu'à chaque instant de la vie le plaisir de cuisiner et de partager est un cadeau qu'on se fait d'abord à soi-même. Allez, vous méritez bien ça! **ÉCRIRE** ce livre a été une aventure inusitée, surprenante par moments, toujours grisante. Le résultat me ressemble en tout point. Il traduit parfaitement ma passion pour la cuisine. Je vous souhaite de faire de merveilleuses découvertes en dégustant vos aliments de tous les jours apprêtés autrement et vous invite à passer me voir au restaurant Apollo, boulevard Saint-Laurent, à Montréal. J'aurai grand plaisir à vous y rencontrer!

G. Apollo

À
FRANCO-ROMAN
ET
CORALIE

TABLE
DES
MATIÈRES

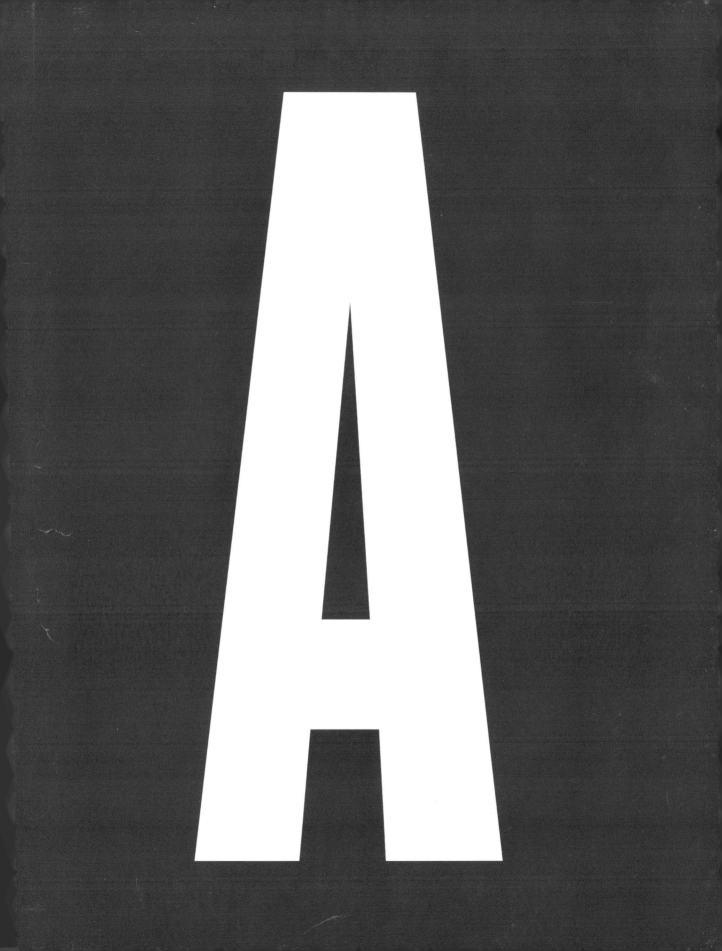

KEBABS D'AGNEAU

4 PORTIONS / RÉFRIGÉRATION : 3 H
CUISSON : 10 À 12 MIN

¾ TASSE	MIE DE PAIN TREMPÉE DANS DU LAIT	180 ML
1	ŒUF	1
1 C. À SOUPE	MOUTARDE DE DIJON	15 ML
1 C. À THÉ	CUMIN MOULU	5 ML
1 C. À THÉ	ROMARIN FRAIS, HACHÉ	5 ML
1 C. À THÉ	THYM FRAIS, HACHÉ	5 ML
1	OIGNON HACHÉ TRÈS FINEMENT	1
	SEL ET POIVRE	
1 ¼ LB	AGNEAU HACHÉ	625 G

DANS un bol, mélanger la mie de pain, l'œuf, la moutarde de Dijon, le cumin, le romarin, le thym et l'oignon. Saler et poivrer. Ajouter l'agneau et bien mélanger. Couvrir et réfrigérer pendant 3 heures.

PLACER de petits boudins de viande sur des brochettes de bambou préalablement trempées dans l'eau et bien serrer pour qu'ils ne se détachent pas. Déposer sur une plaque de cuisson et cuire au four de 10 à 12 minutes à 400 °F (200 °C) (ou sur le barbecue à puissance moyenne-élevée de 6 à 7 minutes).

BURGERS D'AGNEAU

4 PORTIONS / RÉFRIGÉRATION : 1 H
CUISSON : 6 À 8 MIN

BURGERS D'AGNEAU

13 OZ	AGNEAU HACHÉ	400 G
1 C. À THÉ	THYM FRAIS, HACHÉ	5 ML
1 C. À THÉ	CUMIN MOULU	5 ML
1 C. À THÉ	CARI	5 ML
1 C. À SOUPE	PERSIL FRAIS, HACHÉ	15 ML
2 C. À SOUPE	OIGNON HACHÉ	30 ML
1	ŒUF	1
	SEL ET POIVRE	
4	PAINS À HAMBURGER	4
	LÉGUMES ET CONDIMENTS AU CHOIX	

SAUCE AU YOGOURT

½ TASSE	YOGOURT NATURE	125 ML
1 C. À SOUPE	CORIANDRE FRAÎCHE, HACHÉE	15 ML
½ C. À THÉ	PÂTE DE PIMENT FORT	2 ML
	LE JUS DE ½ CITRON	
	SEL ET POIVRE	

DANS un bol, mélanger l'agneau, le thym, le cumin, le cari, le persil, l'oignon et l'œuf. Saler et poivrer. Façonner en quatre galettes, couvrir et laisser reposer 1 heure au réfrigérateur.

PENDANT ce temps, mélanger le yogourt, la coriandre, la pâte de piment fort et le jus de citron dans un bol. Saler et poivrer. Couvrir et laisser reposer 1 heure au réfrigérateur.

POÊLER ou griller les galettes d'agneau de 2 à 3 minutes de chaque côté, jusqu'à ce que la viande soit cuite mais encore rosée à l'intérieur. Griller les pains à hamburger.

ÉTENDRE un peu de sauce au yogourt dans les pains à hamburger. Garnir chacun d'une galette d'agneau, de légumes et de condiments au choix. Refermer et servir.

GIGOT D'AGNEAU EN CROÛTE DE SEL ET HERBES FINES

4 PORTIONS / RÉFRIGÉRATION : 12 H
REPOS : 40 MIN / CUISSON : 45 MIN

CROÛTE DE SEL

1 TASSE	FARINE	250 ML
2	GOUSSES D'AIL HACHÉES FINEMENT	2
2 C. À THÉ	THYM FRAIS, HACHÉ	10 ML
2 C. À THÉ	ROMARIN FRAIS, HACHÉ	10 ML
1 TASSE	GROS SEL DE MER	250 ML
³/₅ TASSE	EAU	150 ML

GIGOT D'AGNEAU

1	GIGOT D'AGNEAU DÉSOSSÉ DE 2 À 2 ½ LB (1 À 1,25 KG)	1
	POIVRE	
2 C. À SOUPE	HUILE D'OLIVE	30 ML
1	ŒUF	1
1 C. À THÉ	EAU	5 ML

MÉLANGER la farine, l'ail, le thym, le romarin et le gros sel. Ajouter l'eau et mélanger, puis pétrir la pâte de sel ainsi obtenue. Envelopper d'une pellicule de plastique et réfrigérer pendant 12 heures.

ASSAISONNER le gigot d'agneau de poivre. Chauffer l'huile à feu vif dans une casserole et faire colorer le gigot sur tous les côtés. Retirer de la casserole et laisser reposer 30 minutes sur des essuie-tout.

SUR un plan de travail fariné, abaisser la pâte de sel en conservant une épaisseur de ¼ po (5 mm). Déposer le gigot au centre de la pâte. Rabattre la pâte sur la viande, la fermer hermétiquement en pressant et la badigeonner de l'œuf mélangé à l'eau.

CUIRE au four 30 minutes à 375 °F (190 °C). Sortir du four et laisser reposer 10 minutes. Casser la croûte de sel, découper le gigot et servir.

SAUTÉ D'AGNEAU À LA CORIANDRE, AU CITRON ET AUX ABRICOTS

4 PORTIONS / CUISSON : 45 MIN

2 C. À SOUPE	HUILE D'OLIVE	30 ML
1	OIGNON HACHÉ FINEMENT	1
1	CAROTTE EN PETITS DÉS	1
1 ½ LB	AGNEAU EN CUBES DE ¾ PO (2 CM) (DANS LE GIGOT OU L'ÉPAULE)	750 G
1 C. À SOUPE	FARINE	15 ML
1 ³/₅ TASSE	BOUILLON DE LÉGUMES	400 ML
1	BOUQUET DE CORIANDRE	1
	LE JUS ET LE ZESTE DE 1 CITRON	
½ TASSE	ABRICOTS SECS	125 ML
	SEL ET POIVRE	

CHAUFFER l'huile à feu vif dans une casserole, ajouter l'oignon et la carotte et cuire quelques minutes, le temps de colorer l'oignon. Réserver dans un petit bol.

DANS la même huile, faire colorer les cubes d'agneau à feu vif. Ajouter la farine et cuire 1 minute. Remettre l'oignon et la carotte, puis ajouter le bouillon de légumes. Réduire à feu doux, ajouter la coriandre, le jus et le zeste de citron, et laisser mijoter 25 minutes. Ajouter les abricots et poursuivre la cuisson 5 minutes. Vérifier la tendreté de la viande. Retirer le bouquet de coriandre, saler et poivrer. Servir très chaud.

SELLE D'AGNEAU FONDANTE ET LÉGUMES RÔTIS

4 À 6 PORTIONS / CUISSON : 1 H 15 MIN

I	SELLE D'AGNEAU DÉSOSSÉE ET FICELÉE DE 3 ½ LB (1,75 KG)	I
	SEL ET POIVRE	
2 C. À SOUPE	HUILE D'OLIVE	30 ML
8 TASSES	BOUILLON DE LÉGUMES	2 L
I	BOUQUET GARNI	I
2	OIGNONS EN GROS MORCEAUX	2
3	CAROTTES COUPÉES EN DEUX SUR LA LONGUEUR	3
2	BLANCS DE POIREAUX EN GROS MORCEAUX	2
2	GROSSES POMMES DE TERRE, COUPÉES EN QUATRE	2
3	PANAIS COUPÉS EN DEUX SUR LA LONGUEUR	3
2	NAVETS COUPÉS EN QUATRE	2

ASSAISONNER la selle d'agneau de sel et de poivre. Chauffer l'huile à feu vif dans une casserole et faire colorer l'agneau sur tous les côtés. Ajouter le bouillon de légumes, le bouquet garni et les oignons, et cuire 45 minutes à feu doux.

RETIRER l'agneau de la casserole et le mettre dans un plat allant au four (réserver le bouillon de cuisson). Cuire au four 10 minutes à 400 °F (200 °C). Retirer la viande du plat, y déposer tous les légumes et mouiller avec ¼ tasse (60 ml) de bouillon de cuisson. Réduire la température du four à 350 °F (180 °C) et enfourner le plat 15 minutes.

REMETTRE l'agneau dans le plat avec les légumes et poursuivre la cuisson au four jusqu'à ce que les légumes soient tendres, environ 5 minutes. Servir.

JUS D'AGNEAU

DONNE ENVIRON 6 TASSES (1,5 L)
CUISSON : 4 H 15

2 C. À SOUPE	HUILE D'OLIVE	30 ML
2 LB	OS D'AGNEAU	1 KG
7 OZ	PARURES D'AGNEAU	200 G
3 C. À SOUPE	PÂTE DE TOMATES	45 ML
I	CAROTTE COUPÉE GROSSIÈREMENT	I
I	POIREAU COUPÉ GROSSIÈREMENT	I
I	OIGNON COUPÉ GROSSIÈREMENT	I
I	BRANCHE DE CÉLERI COUPÉE GROSSIÈREMENT	I
I	BOUQUET GARNI	I
2	TÊTES D'AIL DANS LEUR CHEMISE	2
2 TASSES	VIN BLANC	500 ML
4 TASSES	EAU	1 L

CHAUFFER l'huile à feu vif dans une grande casserole. Lorsqu'elle est très chaude, faire revenir les os et les parures d'agneau jusqu'à ce qu'ils soient bien colorés.

RÉDUIRE le feu, ajouter la pâte de tomates et chauffer pendant 3 minutes. Ajouter le reste des ingrédients et porter à ébullition. Laisser mijoter à feu doux pendant 4 heures en écumant de temps à autre. Filtrer.

COMMENTAIRE Le jus réduit peut servir à confectionner une sauce.

< JARRETS D'AGNEAU CONFITS AUX AROMATES

**4 PORTIONS / RÉFRIGÉRATION : 18 À 24 H
CUISSON : 1 H 15 MIN**

4	PETITS JARRETS D'AGNEAU	4
1 LB	GROS SEL	500 G
10	BAIES DE GENIÈVRE	10
10	CLOUS DE GIROFLE	10
1 C. À THÉ	CARDAMOME	5 ML
20	GRAINS DE POIVRE	20
4	ANIS ÉTOILÉS	4
4	FEUILLES DE LAURIER	4
1	BOUQUET DE THYM	1
1	BOUQUET DE ROMARIN	1
8 TASSES	GRAS DE CANARD	2 L
	JUS D'AGNEAU	
	(voir recette, p. 15)	

LA VEILLE, placer les jarrets d'agneau sur une grille. Mélanger le gros sel et tous les aromates, et recouvrir les jarrets de cette préparation. Couvrir et réfrigérer de 18 à 24 heures, en prenant soin de mettre une petite plaque sous la grille pour récupérer le jus.

LE LENDEMAIN, rincer abondamment les jarrets à l'eau froide, les laisser tremper quelques minutes dans l'eau froide et les rincer à nouveau. Les assécher à l'aide d'un linge ou de papier absorbant, puis les mettre dans une casserole avec le gras de canard. Cuire 1 ¼ heure à feu doux sans laisser bouillir. Vérifier la cuisson de temps à autre et retirer les jarrets lorsqu'ils sont tendres. Les égoutter et servir avec le jus d'agneau.

AGNEAU EN CROÛTE, COMPOTE D'OIGNONS ET DE TOMATES SÉCHÉES

4 PORTIONS / CUISSON : 50 MIN

1	NOIX DE BEURRE	1
1 C. À SOUPE	CASSONADE	15 ML
1 TASSE	OIGNONS ÉMINCÉS	250 ML
¼ TASSE	TOMATES SÉCHÉES ÉMINCÉES	60 ML
1	BRANCHE DE THYM	1
2 C. À SOUPE	HUILE D'OLIVE	30 ML
	SEL ET POIVRE	
2	LONGES D'AGNEAU DÉSOSSÉES DE 12 OZ (375 G) CHACUNE	2
1 LB	PÂTE FEUILLETÉE	500 G
1	JAUNE D'ŒUF	1

FONDRE le beurre à feu doux dans une casserole, ajouter la cassonade, puis les oignons, les tomates séchées et le thym. Mouiller à hauteur avec de l'eau et laisser mijoter environ 20 minutes ou jusqu'à complète évaporation (les oignons doivent être fondants). Laisser refroidir cette compote et réserver.

CHAUFFER l'huile à feu vif dans une poêle. Saler et poivrer les longes d'agneau, et les faire colorer rapidement des deux côtés. Retirer et laisser refroidir sur des essuie-tout.

SUR un plan de travail fariné, abaisser côte à côte deux grands rectangles de pâte feuilletée. Déposer sur chacun une longe d'agneau surmontée de compote d'oignons. Rabattre la pâte sur la viande, la fermer hermétiquement en pressant et la badigeonner de jaune d'œuf. Déposer sur une plaque de cuisson et mettre au four 20 minutes à 375 °F (190 °C). Servir aussitôt.

TAJINE D'AGNEAU AU MIEL ET AUX AMANDES

4 PORTIONS / CUISSON : 2 H 30 MIN
REPOS : 30 MIN

I	GOUSSE D'AIL HACHÉE	I
I C. À SOUPE	GRAINES DE CUMIN	15 ML
I C. À THÉ	GINGEMBRE FRAIS, HACHÉ	5 ML
I C. À THÉ	PISTILS DE SAFRAN	5 ML
3 C. À SOUPE	HUILE D'OLIVE	45 ML
I ¹/₂ LB	ÉPAULE D'AGNEAU EN GROS CUBES	750 G
I C. À SOUPE	MIEL	15 ML
2	CITRONS CONFITS COUPÉS EN QUATRE	2
	LE JUS DE I CITRON	
6 OZ	AMANDES ENTIÈRES, GRILLÉES	175 G

ÉCRASER ensemble l'ail, le cumin, le gingembre et le safran. Réserver.

CHAUFFER l'huile à feu vif dans une cocotte allant au four et saisir les cubes d'agneau. Ajouter le miel, les citrons confits et le jus de citron, puis le mélange d'ail et d'épices réservé.

COUVRIR et cuire au four 2 ¼ heures à 300 °F (150 °C). Vérifier la tendreté de la viande. Sortir du four et ajouter les amandes. Couvrir et laisser reposer 30 minutes avant de servir.

CARRÉS D'AGNEAU CONFITS À LA TOMATE ET AUX OLIVES NOIRES

4 PORTIONS / CUISSON : I H 30 MIN

2	CARRÉS D'AGNEAU DE 7 À 8 CÔTES CHACUN	2
	SEL ET POIVRE	
2 C. À SOUPE	HUILE D'OLIVE	30 ML
I	OIGNON HACHÉ	I
4	GOUSSES D'AIL ENTIÈRES	4
I	GROS BOUQUET GARNI	I
I0	TOMATES MOYENNES, ÉMONDÉES (voir méthode, p. 181) ET ÉPÉPINÉES	I0
²/₅ TASSE	VIN ROUGE	100 ML
²/₅ TASSE	BOUILLON DE LÉGUMES	100 ML
3 ¹/₂ OZ	OLIVES NOIRES DE KALAMATA	100 G

ASSAISONNER les carrés d'agneau de sel et de poivre. Chauffer l'huile à feu vif dans une casserole et faire colorer les carrés d'agneau. Retirer de la casserole et réserver.

DANS la même casserole, cuire à feu doux pendant 2 minutes l'oignon, l'ail et le bouquet garni, puis ajouter les tomates, le vin rouge et le bouillon de légumes. Saler et poivrer. Laisser mijoter à feu doux pendant 20 minutes. Ajouter les olives et les carrés d'agneau, et poursuivre la cuisson à feu doux, à couvert, pendant 1 heure. Retirer délicatement les carrés, rectifier l'assaisonnement et servir aussitôt.

VELOUTÉ D'ASPERGES À L'HUILE DE NOISETTE

4 PORTIONS / CUISSON : 30 MIN

2 C. À SOUPE	HUILE D'OLIVE	30 ML
1	OIGNON HACHÉ	1
1 ½ LB	ASPERGES EN TRONÇONS	750 G
3 TASSES	BOUILLON DE LÉGUMES OU DE POULET	750 ML
²/₅ TASSE	CRÈME À 35 %	100 ML
	SEL ET POIVRE	
1 C. À SOUPE	HUILE DE NOISETTE	15 ML
	LE ZESTE DE 1 CITRON	

CHAUFFER l'huile à feu doux dans une casserole et faire suer l'oignon. Ajouter les asperges et le bouillon de légumes, et porter à ébullition. Réduire le feu et laisser mijoter doucement pendant 20 minutes.

QUAND les asperges sont tendres, les passer au robot avec le bouillon jusqu'à ce que le mélange soit lisse. Remettre dans la casserole, ajouter la crème et porter à ébullition. Réduire le feu et laisser mijoter 5 minutes. Filtrer à l'aide d'un chinois à gros trous. Assaisonner de sel et de poivre. Servir avec un filet d'huile de noisette et du zeste de citron.

SALADE D'ASPERGES

4 PORTIONS

SALADE		
10 OZ	ASPERGES	300 G
1	ORANGE	1
4 OZ	MÂCHE	125 G
	SEL ET POIVRE	

VINAIGRETTE		
1 C. À SOUPE	JUS D'ORANGE DES SUPRÊMES	15 ML
1 C. À SOUPE	JUS DE CITRON	15 ML
1 C. À SOUPE	VINAIGRE DE VIN ROUGE	15 ML
1 C. À THÉ	MIEL	5 ML
¼ TASSE	HUILE D'OLIVE	60 ML

ÉLIMINER la partie dure des queues d'asperges. Émincer les asperges sur la longueur de façon à obtenir de longs copeaux. Peler l'orange à vif et en lever les suprêmes ; travailler au-dessus d'un bol pour récupérer le jus pour la vinaigrette.

DANS un petit contenant, mélanger les ingrédients de la vinaigrette. Dans un saladier, mélanger ensemble les asperges, les suprêmes d'orange et la mâche. Ajouter la vinaigrette, et assaisonner de sel et de poivre.

FLANS D'ASPERGES

4 PORTIONS / CUISSON : 30 MIN

2 LB	GROSSES ASPERGES BLANCHES	1 KG
⁴/₅ TASSE	CRÈME À 35 %	200 ML
3 ½ OZ	PARMESAN RÂPÉ	100 G
3 ½ OZ	PROSCIUTTO HACHÉ	100 G
2	ŒUFS	2
3	BLANCS D'ŒUFS	3
	SEL ET POIVRE	
1 ³/₄ OZ	BEURRE	50 G

ÉLIMINER la partie dure des queues d'asperges. Éplucher les asperges et les couper en rondelles de ½ po (1 cm) d'épaisseur.

VERSER la crème dans une casserole et porter à ébullition. Ajouter les rondelles d'asperges, le parmesan et le prosciutto, et laisser cuire 10 minutes. Retirer les rondelles d'asperges de la crème à l'aide d'une écumoire et les réduire en purée au robot. Filtrer la crème.

CASSER les œufs dans un bol, ajouter les blancs d'œufs et battre jusqu'à consistance homogène. Ajouter la crème filtrée et la purée d'asperges, saler, poivrer et mélanger.

BEURRER quatre moules hauts ou ramequins et y répartir la préparation. Mettre les moules au bain-marie et cuire au four de 15 à 20 minutes à 300 °F (150 °C). Vérifier la cuisson avec la pointe d'un couteau (la lame doit ressortir lisse).

SORBET À L'ASPERGE

4 PORTIONS / CUISSON : 20 MIN
CONGÉLATION : 12 À 14 H

I	BOTTE DE GROSSES ASPERGES VERTES, ÉPLUCHÉES	I
²/₅ TASSE	LAIT	100 ML
¼ TASSE	SUCRE	60 ML
¼ TASSE	CASSONADE	60 ML
²/₅ TASSE	EAU	100 ML
	LE JUS DE 2 LIMES	
I	PINCÉE DE SEL	I

PLONGER les asperges dans une casserole d'eau bouillante légèrement salée, les retirer quand elles sont tendres et les refroidir aussitôt dans de l'eau glacée. Les passer au robot avec le lait, filtrer et réserver.

DANS une casserole, mélanger le sucre, la cassonade et l'eau. Porter à ébullition et laisser bouillir pendant 3 minutes. Ajouter le mélange d'asperges, le jus des limes et le sel, et fouetter énergiquement.

VERSER la préparation dans une sorbetière et turbiner (ou la mettre au congélateur dans un contenant bas et large ; laisser geler environ 2 heures et passer au robot en l'actionnant par à-coups pour briser tous les cristaux qui se sont formés ; répéter l'opération deux fois ; remettre au congélateur de 6 à 8 h ou jusqu'à consistance d'un sorbet ferme).

MOUSSE D'ASPERGES, COMPOTE DE FRUITS ROUGES ET DE POIVRE LONG

4 PORTIONS / CUISSON : 45 MIN
RÉFRIGÉRATION : 6 H

½ LB	ASPERGES	250 G
I TASSE	YOGOURT NATURE	250 ML
	LE ZESTE DE I CITRON	
I	SACHET DE GÉLATINE (7 G)	I
¼ TASSE	EAU FROIDE	60 ML
10 OZ	FRAISES EN TRANCHES	300 G
7 OZ	FRAMBOISES	200 G
2	POIVRES LONGS CONCASSÉS	2
	OU	
I C. À THÉ	POIVRE NOIR DU MOULIN	5 ML
	LE JUS DE I ORANGE	
2 C. À SOUPE	CASSONADE	30 ML

CUIRE les asperges à l'eau bouillante, les refroidir dans de l'eau glacée et les passer au robot avec le yogourt. Faire bouillir cette crème 3 minutes. Pendant ce temps, faire gonfler la gélatine 2 minutes dans l'eau froide. Ajouter à la crème d'asperges bouillante le zeste de citron, puis la gélatine gonflée. Poursuivre la cuisson 2 minutes à feu doux. Verser à mi-hauteur dans des verres de service et laisser refroidir 5 heures au réfrigérateur.

METTRE les fraises dans une casserole, ajouter les framboises, les poivres longs, un peu d'eau (1 à 2 c. à soupe/15 à 30 ml) et le jus d'orange. Cuire à feu moyen pendant 30 minutes ; ajouter la cassonade en milieu de cuisson. Lorsque la compote de fruits a refroidi, la réserver 1 heure au réfrigérateur.

SURMONTER la mousse d'asperges de compote de fruits et servir très frais.

BAVAROIS D'ASPERGES

4 PORTIONS / CUISSON : 20 MIN
RÉFRIGÉRATION : 6 H

1 ¼ LB	ASPERGES	625 G
1	SACHET DE GÉLATINE (7 G)	1
¼ TASSE	EAU FROIDE	60 ML
1 ¾ OZ	PÂTE DE PISTACHES	50 G
	SEL ET POIVRE DU MOULIN	
¾ TASSE	CRÈME À 35 %	180 ML

CUIRE les asperges à l'eau bouillante salée jusqu'à ce qu'elles soient tendres, les égoutter et réserver.

PENDANT ce temps, faire gonfler la gélatine 2 minutes dans l'eau froide.

PASSER les asperges au robot avec la pâte de pistaches et la gélatine gonflée jusqu'à ce que la préparation soit lisse. Saler et poivrer.

MONTER la crème en pics fermes et l'incorporer à la préparation d'asperges refroidie.

MOULER dans des verres et réfrigérer pendant 6 heures.

PISSALADIÈRE D'ASPERGES ET D'ANCHOIS

4 PORTIONS / CUISSON : 45 MIN

16	POINTES D'ASPERGES VERTES	16
¼ TASSE	HUILE D'OLIVE	60 ML
4	OIGNONS ÉMINCÉS FINEMENT	4
4	TOMATES ÉMONDÉES	4
	(voir méthode, p. 181),	
	ÉPÉPINÉES ET CONCASSÉES	
4	FILETS D'ANCHOIS ENTIERS	4
1 C. À SOUPE	ORIGAN FRAIS, HACHÉ	15 ML
	SEL ET POIVRE DU MOULIN	
7 OZ	PÂTE À PIZZA	200 G
	DU COMMERCE	
1	BRANCHE DE BASILIC	1
	PARMESAN RÂPÉ	

ÉBOUILLANTER les pointes d'asperges 5 minutes, égoutter et réserver.

CHAUFFER l'huile à feu doux dans une casserole et faire colorer les oignons 15 minutes en remuant. Ajouter les tomates, les anchois et l'origan, saler, poivrer et laisser mijoter 10 minutes. En fin de cuisson, ajouter les pointes d'asperges.

ÉTALER la pâte à pizza dans un moule à tarte. Répartir dessus le mélange d'asperges et cuire au four de 15 à 20 minutes à 400 °F (200 °C). À la sortie du four, décorer la pissaladière de basilic et la saupoudrer de parmesan. Servir tiède.

GRATIN D'ASPERGES AU FROMAGE BLEU

4 PORTIONS / CUISSON : 30 MIN

2 C. À SOUPE	BEURRE	30 ML
2 C. À SOUPE	FARINE	30 ML
1 ³/₅ TASSE	LAIT	400 ML
2 OZ	BLEU DU CIEL, SI POSSIBLE	60 G
	(OU AUTRE BLEU)	
	MUSCADE, AU GOÛT	
	SEL ET POIVRE	
1 LB	ASPERGES CUITES	500 G
4	TRANCHES DE JAMBON	4
	BLANC FUMÉ	
3 OZ	FROMAGE SUISSE RÂPÉ	90 G

FONDRE le beurre dans une casserole, ajouter la farine et mélanger. Ajouter le lait, le fromage bleu et la muscade. Porter à ébullition et laisser bouillir jusqu'à ce que le mélange épaississe. Saler et poivrer.

SÉPARER les asperges en quatre fagots, les enrouler dans le jambon et les disposer dans un plat à gratin légèrement beurré. Garnir de la sauce au bleu et parsemer du fromage suisse. Cuire au four 20 minutes à 375 °F (190 °C). Servir chaud.

CARI D'ASPERGES

4 PORTIONS / CUISSON : 25 MIN

2 C. À SOUPE	BEURRE	30 ML
I	GROS OIGNON, HACHÉ	I
I	GOUSSE D'AIL HACHÉE	I
2 C. À THÉ	CARI	10 ML
I C. À SOUPE	FARINE	15 ML
4/5 TASSE	BOUILLON DE POULET CHAUD	200 ML
4/5 TASSE	LAIT DE COCO (FACULTATIF)	200 ML
	SEL ET POIVRE DU MOULIN	
I	GROSSE BOTTE D'ASPERGES VERTES, ÉPLUCHÉES	I
I	BOTTE D'ASPERGES BLANCHES, ÉPLUCHÉES	I

FONDRE le beurre à feu moyen dans une casserole. Réduire à feu doux, faire suer l'oignon et l'ail, puis ajouter le cari. Bien mélanger et cuire 1 minute. Incorporer la farine, mouiller avec le bouillon de poulet et, si désiré, avec le lait de coco. Saler et poivrer. Cuire 8 minutes à feu doux en remuant de temps à autre.

AJOUTER les asperges entières et poursuivre la cuisson 5 minutes (les asperges doivent être cuites mais fermes). Servir avec du riz basmati.

ASPERGES EN CONDIMENT

4 PORTIONS / CUISSON : 10 MIN
RÉFRIGÉRATION : I H

3 C. À SOUPE	HUILE D'OLIVE	45 ML
I LB	ASPERGES VERTES ÉPLUCHÉES, COUPÉES EN FINES RONDELLES	500 G
3 C. À SOUPE	BOUILLON DE LÉGUMES	45 ML
	LE JUS DE I LIME	
2/5 TASSE	HUILE D'OLIVE DE QUALITÉ SUPÉRIEURE	100 ML
I C. À SOUPE	CÂPRES HACHÉES	15 ML
I C. À SOUPE	ANETH FRAIS, HACHÉ	15 ML
I C. À SOUPE	CERFEUIL FRAIS, HACHÉ	15 ML
	FLEUR DE SEL	

CHAUFFER l'huile dans une casserole et faire revenir les rondelles d'asperges. Verser le bouillon de légumes à hauteur et laisser cuire 4 minutes. Diviser les asperges en deux : en refroidir une moitié dans un bol placé dans de l'eau glacée ; passer l'autre moitié au robot de manière à obtenir une purée très fine.

DANS un bol, additionner la purée d'asperges du jus de lime, de l'huile d'olive de qualité supérieure, des câpres, des herbes, de fleur de sel et des asperges refroidies. Couvrir et réfrigérer pendant 1 heure. Servir en accompagnement de poisson.

FARCE FINE DE BASILIC POUR LE POISSON

DONNE ENVIRON 1 1/2 TASSE (375 ML)

1	GROS BOUQUET DE BASILIC	1
1 TASSE	RICOTTA	250 ML
1/4 TASSE	FROMAGE À LA CRÈME	60 ML
	LE JUS DE 1 CITRON	
1	ŒUF	1
	SEL ET POIVRE	
1/3 TASSE	CHAPELURE (ENVIRON)	80 ML
	TOMATES SÉCHÉES, ARTICHAUTS, OLIVES, HERBES, AU GOÛT	

METTRE le basilic, la ricotta, le fromage à la crème, le jus de citron et l'œuf dans le récipient du robot et l'actionner par à-coups. Lorsque le mélange est homogène, saler et poivrer. Verser dans un bol et ajouter suffisamment de chapelure pour obtenir une préparation de consistance souple. **AJOUTER** des tomates séchées, des artichauts, des olives et des herbes, au goût.

FARCE FINE DE BASILIC POUR LA VIANDE

DONNE ENVIRON 1 TASSE (250 ML)

1	GROS BOUQUET DE BASILIC	1
1/4 TASSE	LAIT	60 ML
1/4 TASSE	CRÈME	60 ML
1	ŒUF	1
	SEL ET POIVRE	
7 OZ	VIANDE HACHÉE, AU CHOIX (PORC, POULET, VEAU...)	200 G
1/4 TASSE	MIE DE PAIN FRAIS, EN PETITS CUBES	60 ML
1/3 TASSE	CHAPELURE (ENVIRON)	80 ML
	TOMATES SÉCHÉES, ARTICHAUTS, OLIVES, HERBES, CHAMPIGNONS, AU GOÛT	

METTRE le basilic, le lait, la crème et l'œuf dans le récipient du robot et l'actionner par à-coups. Lorsque le mélange est homogène, saler et poivrer.
METTRE la viande hachée et la mie de pain dans un bol, ajouter la préparation de basilic et mélanger à l'aide d'une cuillère de bois. Ajouter suffisamment de chapelure pour obtenir une préparation de consistance souple.
AJOUTER des tomates séchées, des artichauts, des olives, des herbes, des champignons, au goût.

MARINADE POUR POISSON ET FRUITS DE MER

DONNE SUFFISAMMENT DE MARINADE POUR 2 À 4 LB (1 À 2 KG) DE POISSON FRAIS
MARINADE : 24 H

2	GROS BOUQUETS DE BASILIC	2
2 TASSES	HUILE D'OLIVE	500 ML
	LE JUS DE 2 CITRONS	
	SEL ET POIVRE	

PASSER le basilic au robot avec l'huile et le jus de citron. Saler, poivrer et verser sur du poisson ou des fruits de mer. Couvrir et laisser mariner 24 heures au réfrigérateur.

PESTO

DONNE ENVIRON 1/2 TASSE (125 ML)

1	GROS BOUQUET DE BASILIC, EFFEUILLÉ	1
3	GOUSSES D'AIL	3
2 OZ	PARMESAN RÂPÉ	60 G
2 OZ	PIGNONS RÔTIS AU FOUR	60 G
2/5 TASSE	HUILE D'OLIVE	100 ML
1/4 C. À THÉ	SEL	1 ML
	LE JUS DE 1 CITRON	

METTRE les feuilles de basilic dans le récipient du robot avec le reste des ingrédients et l'actionner par à-coups de manière à obtenir une purée fine.

SOUPE DE BASILIC

4 PORTIONS / CUISSON : 25 MIN

6	POMMES DE TERRE HACHÉES	6
1	OIGNON BLANC HACHÉ	1
1	BLANC DE POIREAU HACHÉ	1
7 OZ	CHAMPIGNONS BLANCS HACHÉS	200 G
6 TASSES	EAU FROIDE	1,5 L
2	GROS BOUQUETS DE BASILIC, EFFEUILLÉS ET HACHÉS	2
	SEL ET POIVRE	

METTRE tous les ingrédients dans une grande casserole, sauf le basilic. Porter à ébullition, réduire à feu moyen et cuire 25 minutes.

PASSER la soupe au mélangeur à main en ajoutant petit à petit le basilic. Saler, poivrer et servir aussitôt.

TREMPETTE DE BASILIC

DONNE ENVIRON 1 TASSE (250 ML)
RÉFRIGÉRATION : 1 H

1	GROS BOUQUET DE BASILIC, HACHÉ FINEMENT	1
1	CONCOMBRE PELÉ ET HACHÉ	1
½ TASSE	YOGOURT NATURE	125 ML
½ TASSE	CRÈME SURE	125 ML
	LE JUS ET LE ZESTE DE 1 LIME	
	SEL ET POIVRE, AU GOÛT	

MÉLANGER tous les ingrédients dans un bol. Couvrir et réfrigérer pendant 1 heure avant de consommer.

HUILE AU BASILIC >

DONNE ENVIRON 4 TASSES (1 L)
CUISSON : 10 MIN / RÉFRIGÉRATION : 48 H

4 TASSES	HUILE D'OLIVE (PAS TROP AROMATIQUE)	1 L
1 LB	BASILIC FRAIS, LAVÉ ET BIEN ÉPONGÉ	500 G

DANS une casserole, chauffer doucement l'huile à 140 °F (60 °C) et y plonger le basilic. Retirer la casserole du feu et laisser infuser 2 minutes.

AU mélangeur à main, réduire la préparation de basilic en fine purée. Mettre rapidement l'huile parfumée au réfrigérateur et laisser reposer 48 heures.

APRÈS ce délai, laisser revenir l'huile à la température ambiante et la filtrer dans un chinois en étamine.

COMMENTAIRE Exquise sur des pâtes et du poisson, cette huile se conserve 1 mois au réfrigérateur.

SOUPE AU PISTOU

4 PORTIONS / CUISSON : 1 H 15 MIN

SOUPE

1 LB	HARICOTS SECS, BLANCS OU ROUGES	500 G
1	PETITE COURGETTE, EN PETITS DÉS	1
1	CAROTTE EN PETITS DÉS	1
1	OIGNON EN PETITS DÉS	1
1	POMME DE TERRE EN PETITS DÉS	1
10 OZ	PETITS POIS FRAIS	300 G
	SEL ET POIVRE	
½ TASSE	PETITES PÂTES, AU CHOIX	125 ML

PISTOU

2	TOMATES MÛRES, ÉMONDÉES ET ÉPÉPINÉES	2
	(voir méthode, p. 181)	
4	GOUSSES D'AIL	4
1	GROS BOUQUET DE BASILIC	1
2 OZ	PARMESAN ÉMIETTÉ	60 G
½ TASSE	HUILE D'OLIVE	125 ML

METTRE tous les légumes de la soupe dans une casserole, les couvrir d'eau froide et porter à ébullition. Réduire à feu doux, saler, poivrer et laisser mijoter pendant 1 heure. Ajouter les pâtes et, lorsqu'elles sont cuites al dente, retirer du feu.

METTRE tous les ingrédients du pistou dans le récipient du robot et l'actionner par à-coups de manière à obtenir une purée fine. Au moment de servir, ajouter la quantité désirée de pistou à la soupe.

GLACE AU BASILIC

4 PORTIONS / CUISSON : 10 MIN
REPOS : 10 MIN / CONGÉLATION : 8 À 10 H

1 ⅗ TASSE	LAIT	400 ML
2 TASSES	CRÈME À 35 %	500 ML
1 C. À SOUPE	EXTRAIT DE FLEUR D'ORANGER	15 ML
1	GROS BOUQUET DE BASILIC, EFFEUILLÉ	1
7	JAUNES D'ŒUFS	7
⅓ TASSE	SUCRE	80 ML

DANS une casserole, porter à ébullition le lait avec la crème et l'extrait de fleur d'oranger, puis ajouter les feuilles de basilic. Retirer la casserole du feu dès l'ébullition, laisser reposer 10 minutes et filtrer.

DANS un bol, fouetter les jaunes d'œufs avec le sucre jusqu'à ce que le mélange blanchisse. Incorporer le mélange de jaunes d'œufs à la préparation lait-crème en la réchauffant à feu doux sans cesser de remuer afin d'obtenir une crème anglaise. Passer au chinois en étamine et laisser refroidir.

VERSER la crème refroidie dans une sorbetière et turbiner (ou la verser dans un contenant bas et large et placer au congélateur de 8 à 10 heures). Garder au congélateur.

SALADE DE FIGUES ET DE BASILIC

4 PORTIONS / CUISSON : 5 MIN

2 C. À SOUPE	SIROP D'ÉRABLE	30 ML
8	FIGUES MÛRES MAIS FERMES, LAVÉES ET COUPÉES EN DEUX	8
7 OZ	BASILIC FRAIS	200 G
1 ¾ OZ	BASILIC THAÏ FRAIS (LE MAUVE)	50 G
3 ½ OZ	LUZERNE D'OIGNON	100 G
3 C. À SOUPE	HUILE D'OLIVE VIERGE EXTRA	45 ML
1 C. À THÉ	VINAIGRE DE XÉRÈS	5 ML
	SEL ET POIVRE	
2 C. À SOUPE	JUS DE CITRON	30 ML

DANS une poêle, porter le sirop d'érable à ébullition, placer les figues côté chair dans le sirop et cuire à feu vif 30 secondes. Retirer les figues et les déposer sur des essuie-tout. Réserver le sirop d'érable.

DANS un petit bol, mélanger le basilic, le basilic thaï et la luzerne d'oignon. Arroser d'huile et de vinaigre, saler et poivrer.

DISPOSER dans chaque assiette quatre demi-figues surmontées de salade de basilic. Chauffer de nouveau le sirop d'érable, ajouter le jus de citron et porter à ébullition. Avant de servir, arroser la salade d'un trait de sirop refroidi.

VINAIGRETTE AU BLEU

DONNE 1 1/2 TASSE (375 ML) / CUISSON : 3 MIN

4 OZ	RASSEMBLEU ÉMIETTÉ	125 G
2 C. À SOUPE	EAU	30 ML
1 C. À SOUPE	MOUTARDE DE DIJON	15 ML
1	ÉCHALOTE SÈCHE FINEMENT ÉMINCÉE	1
1 TASSE	HUILE D'OLIVE	250 ML
1 C. À SOUPE	VINAIGRE DE MALT OU D'ESTRAGON	15 ML
	POIVRE CONCASSÉ	
5	FEUILLES DE SAUGE HACHÉES (FACULTATIF)	5

DANS une casserole, faire fondre le fromage bleu dans l'eau à feu doux.
METTRE la moutarde de Dijon, l'échalote, l'huile et le vinaigre dans un contenant, et incorporer le fromage fondu au mélangeur à main. Poivrer et, si désiré, ajouter les feuilles de sauge.

TIANS DE BLEU ET D'ÉPINARDS

4 PORTIONS / CUISSON : 15 À 20 MIN

1 C. À SOUPE	BEURRE	15 ML
1	OIGNON HACHÉ FINEMENT	1
1/2 TASSE	RIZ BASMATI	125 ML
	POIVRE	
1 1/4 TASSE	BOUILLON DE LÉGUMES	310 ML
3 1/2 OZ	FROMAGE BLEU ÉMIETTÉ	100 G
10 OZ	ÉPINARDS	300 G
	LAITUE NIÇOISE	
	VINAIGRE BALSAMIQUE	
	HUILE D'OLIVE	

FONDRE le beurre dans une casserole et faire revenir l'oignon sans coloration. Ajouter le riz, poivrer et faire rissoler 3 minutes. Verser le bouillon de légumes et cuire 5 minutes. Ajouter le fromage bleu et poursuivre la cuisson jusqu'à complète évaporation du liquide (le riz doit être très cuit). Ajouter les épinards et mélanger.
TASSER la préparation encore chaude dans quatre ramequins, un par assiette. Servir aussitôt les tians garnis de laitue niçoise, et arrosés d'un peu de vinaigre et d'huile.

POLENTA AU BLEU ET À LA PANCETTA

4 PORTIONS / CUISSON : 15 MIN

1 C. À SOUPE	HUILE D'OLIVE	15 ML
3 1/2 OZ	PANCETTA EN PETITS DÉS	100 G
1 1/2 TASSE	EAU	375 ML
1 C. À THÉ	SEL (ENVIRON)	5 ML
1 C. À SOUPE	BEURRE	15 ML
10 OZ	POLENTA FINE INSTANTANÉE	300 G
5 OZ	FROMAGE BLEU ÉMIETTÉ	150 G
	POIVRE	

CHAUFFER l'huile dans une poêle et cuire la pancetta jusqu'à ce qu'elle prenne une belle coloration dorée. Retirer le surplus de gras et réserver.
PORTER l'eau à ébullition, ajouter le sel et le beurre, puis verser la polenta en remuant constamment. Cuire selon les recommandations du fabricant, de 8 à 10 minutes (elle devrait être onctueuse). Incorporer le fromage bleu et la pancetta, saler et poivrer. Servir aussitôt.

SAUCE AU MADÈRE ET AU BLEU SAINT-AGUR

DONNE 2 TASSES (500 ML) / CUISSON : 15 MIN

1 C. À SOUPE	BEURRE	15 ML
1	GOUSSE D'AIL HACHÉE	1
2	ÉCHALOTES SÈCHES ÉMINCÉES	2
2/5 TASSE	MADÈRE	100 ML
4/5 TASSE	CRÈME À 35 %	200 ML
4/5 TASSE	BOUILLON DE POULET	200 ML
3 1/2 OZ	BLEU SAINT-AGUR	100 G

FONDRE le beurre dans une casserole, ajouter l'ail et les écha-lotes, et faire suer sans coloration. Déglacer au madère et laisser réduire du quart. Ajouter la crème et le bouillon de poulet, et cuire à feu doux 5 minutes. Incorporer le fromage bleu, porter à frémissement en remuant et laisser réduire jusqu'à consistance onctueuse.

COMMENTAIRE Idéale pour les viandes rouges.

FARCE DE BLEU STILTON

DONNE 2 TASSES (500 ML) / REPOS : 15 MIN

7 OZ	STILTON	200 G
1 TASSE	CUBES DE PAIN	250 ML
2/5 TASSE	LAIT	100 ML
3 C. À SOUPE	HERBES FRAÎCHES (ROMARIN, THYM, PERSIL), HACHÉES	45 ML
1	ŒUF	1
	SEL ET POIVRE	

DANS un bol, écraser le fromage bleu, ajouter les cubes de pain, verser le lait et laisser reposer 15 minutes.

AJOUTER les herbes et l'œuf, saler, poivrer et remuer à la spatule afin d'obtenir une farce homogène.

COMMENTAIRE Idéale pour farcir des viandes blanches telles que poulet, dinde et veau.

PETITS BEIGNETS AU BLEU

4 PORTIONS / CUISSON : 7 MIN

4 OZ	FROMAGE BLEU RÂPÉ	125 G
1	PINCÉE DE CUMIN MOULU	1
1	PINCÉE DE PAPRIKA FUMÉ	1
1 1/4 TASSE	PÂTE À CHOUX (voir Gougères au parmesan, p. 124)	310 ML
2 TASSES	HUILE VÉGÉTALE	500 ML

INCORPORER le fromage bleu et les épices à la pâte à choux. Détailler la préparation en petites boules à l'aide de deux cuillères à soupe préalablement trempées dans de l'huile d'olive.

CHAUFFER l'huile à 350 °F (180 °C) dans une friteuse et faire frire les boules de pâte. Lorsque les beignets sont bien dorés, les déposer sur des essuie-tout. Servir sans attendre.

< TARTELETTES DE POIRES ET DE BLEU BÉNÉDICTIN

4 PORTIONS / CUISSON : 30 MIN

2	BLANCS D'ŒUFS	2
7 OZ	BLEU BÉNÉDICTIN ÉMIETTÉ	200 G
2 C. À SOUPE	CRÈME À 35 %	30 ML
I C. À SOUPE	BEURRE	15 ML
2	POIRES EN QUARTIERS	2
I C. À SOUPE	ROMARIN FRAIS, HACHÉ	15 ML
I C. À SOUPE	THYM FRAIS, HACHÉ	15 ML
	POIVRE DU MOULIN	
½ LB	PÂTE FEUILLETÉE	250 G
2	JAUNES D'ŒUFS	2

BATTRE les blancs d'œufs en neige, puis ajouter le fromage bleu et 1 c. à soupe (15 ml) de crème. Mélanger et réserver.

DANS une poêle, bien chauffer le beurre et faire colorer les poires sur tous les côtés. En fin de cuisson, ajouter les herbes et poivrer.

SUR un plan de travail fariné, abaisser la pâte feuilletée et en foncer quatre moules à tartelettes. Piquer le fond des abaisses à la fourchette, les remplir soigneusement de la préparation au fromage et répartir les poires sur le dessus. Mélanger les jaunes d'œufs au reste de la crème et en badigeonner les tartelettes. Cuire au four 25 minutes à 350 °F (180 °C).

CROUSTADES AU ROQUEFORT

4 PORTIONS / CUISSON : 30 MIN

½ LB	PÂTE BRISÉE	250 G
I TASSE	CRÈME À 35 %	250 ML
7 OZ	ROQUEFORT ÉMIETTÉ	200 G
2	JAUNES D'ŒUFS	2

GARNIR huit moules à tartelettes de pâte brisée. Garder une partie de la pâte pour former les couvercles des croustades.

FAIRE réduire la crème de moitié à feu moyen, ajouter le fromage bleu puis, hors du feu, les jaunes d'œufs. Bien mélanger pour obtenir une pâte lisse.

REMPLIR les tartelettes de cette préparation, couvrir des couvercles de pâte brisée et les piquer à la fourchette.

CUIRE au four 20 minutes à 300 °F (150 °C). Servir tièdes.

GNOCCHIS DE GORGONZOLA

4 PORTIONS / RÉFRIGÉRATION : I H CUISSON : 5 À 8 MIN

I ¼ TASSE	PURÉE DE POMMES DE TERRE BIEN SÈCHE	310 ML
½ TASSE	FARINE (ENVIRON)	125 ML
2 ½ OZ	GORGONZOLA ÉMIETTÉ	70 G
2	ŒUFS	2
I C. À THÉ	SEL	5 ML

MÉLANGER tous les ingrédients à la main et façonner une boule homogène (ajouter de la farine au besoin). Laisser reposer 1 heure au réfrigérateur.

FAÇONNER la pâte en boudins de la taille d'un doigt, les couper en dés et les cuire à l'eau bouillante salée (les gnocchis sont prêts lorsqu'ils remontent à la surface).

TREMPETTE
DE BLEU DU CIEL

ENVIRON 1 ¹/₃ TASSE (330 ML)
RÉFRIGÉRATION : 2 H

5 OZ	BLEU DU CIEL	150 G
¹/₂ TASSE	MASCARPONE	125 ML
³/₄ TASSE	CRÈME SURE	180 ML
	LE JUS DE ¹/₂ CITRON	
1	GOUSSE D'AIL	1
1 C. À THÉ	CARI	5 ML
¹/₄ TASSE	HERBES FRAÎCHES (BASILIC, ESTRAGON, CERFEUIL), HACHÉES FINEMENT	60 ML

METTRE le fromage bleu, le mascarpone et la crème sure dans le récipient du robot, et donner quelques tours. Ajouter le jus de citron, l'ail et le cari, et redonner quelques tours afin d'obtenir une préparation homogène.

TRANSFÉRER la préparation dans un bol, incorporer les herbes et remuer délicatement à la spatule. Couvrir et réfrigérer au moins 2 heures avant de servir.

MARINADE POUR LE BŒUF

DONNE SUFFISAMMENT DE MARINADE
POUR 2 LB (1 KG) DE BŒUF / MARINADE : 3 H

2 C. À SOUPE	HUILE D'OLIVE	30 ML
4/5 TASSE	VIN ROUGE	200 ML
2 C. À SOUPE	VINAIGRE DE VIN	30 ML
1	OIGNON HACHÉ FINEMENT	1
2	GOUSSES D'AIL ÉMINCÉES	2
1 C. À THÉ	ROMARIN FRAIS, HACHÉ	5 ML
1 C. À THÉ	ORIGAN FRAIS, HACHÉ	5 ML
1/2 C. À THÉ	POIVRE	2 ML
1/2 C. À THÉ	PIMENT DE CAYENNE	2 ML
2 C. À SOUPE	ÉPICES À BIFTECK	30 ML

MÉLANGER tous les ingrédients dans un plat. Ajouter la viande, couvrir et laisser mariner au moins 3 heures au réfrigérateur.

PIÈCE DE BŒUF LONGUEMENT BRAISÉE

4 PORTIONS / MARINADE : 5 À 6 H / CUISSON : 5 H

MARINADE SÈCHE

2 C. À SOUPE	GRAINS DE POIVRE ÉCRASÉS	30 ML
1 C. À SOUPE	PAPRIKA	15 ML
1 C. À SOUPE	POUDRE D'AIL	15 ML
2 C. À SOUPE	MOUTARDE SÈCHE	30 ML
2 C. À SOUPE	HERBES DE PROVENCE	30 ML
2 C. À SOUPE	FLEUR DE SEL	30 ML

PLAT DE CÔTES

1	PIÈCE DE PLAT DE CÔTES DE BŒUF AVEC OS DE 3 À 4 LB (1,5 KG À 2 KG)	1
2/5 TASSE	HUILE D'OLIVE	100 ML
2	OIGNONS EN PETITS DÉS	2
2	CAROTTES EN PETITS DÉS	2
2	BRANCHES DE CÉLERI EN PETITS DÉS	2
2 TASSES	VIN ROUGE	500 ML
4 TASSES	BOUILLON DE BŒUF	1 L
5	FEUILLES DE LAURIER	5
	SEL ET POIVRE	

DANS un bol, mélanger tous les ingrédients de la marinade sèche. Frotter les deux côtés du plat de côtes de ce mélange d'épices, couvrir et laisser mariner de 5 à 6 heures au réfrigérateur.

CHAUFFER l'huile à feu moyen dans une grande casserole allant au four et faire revenir le plat de côtes 3 minutes de chaque côté (attention que les épices ne brûlent pas). Ajouter les légumes et poursuivre la cuisson 2 minutes. Verser le vin rouge et le bouillon de bœuf, ajouter les feuilles de laurier et faire prendre une légère ébullition.

CUIRE au four pendant 4 heures à 250 °F (120 °C). Vérifier la tendreté de la viande et la retirer délicatement de la casserole. Filtrer le bouillon, le faire réduire de moitié, saler, poivrer et servir avec la viande.

SAUTÉ DE BŒUF À LA MEXICAINE

4 PORTIONS / CUISSON : 10 MIN

2 C. À SOUPE	HUILE VÉGÉTALE	30 ML
I	OIGNON ÉMINCÉ	I
I	POIVRON VERT ÉMINCÉ	I
I	POIVRON ROUGE ÉMINCÉ	I
I LB	BŒUF À FONDUE	500 G
¼ TASSE	CORIANDRE FRAÎCHE, CISELÉE	60 ML
¼ TASSE	SAUCE CHILI	60 ML
	LE JUS DE 2 LIMES	
I À 2	TRAITS DE TABASCO	I À 2
I À 2	TRAITS DE SAUCE WORCESTERSHIRE	I À 2
½ TASSE	HARICOTS ROUGES EN CONSERVE, RINCÉS ET ÉGOUTTÉS	125 ML

CHAUFFER l'huile légèrement dans un wok, ajouter l'oignon et les poivrons, et cuire 2 minutes en remuant sans arrêt.

AJOUTER le bœuf et cuire de 2 à 3 minutes. Incorporer le reste des ingrédients et poursuivre la cuisson 2 minutes.

HAMBURGERS DE PORTOBELLOS

4 PORTIONS / CUISSON : 25 À 30 MIN
RÉFRIGÉRATION : 2 H

8	GROS CHAMPIGNONS PORTOBELLOS	8
	SEL ET POIVRE	
I	FILET D'HUILE D'OLIVE	I
I	NOIX DE BEURRE	I
3 ½ OZ	CHAMPIGNONS AU CHOIX (AUTRES QUE CHAMPIGNONS BLANCS), COUPÉS EN TRÈS PETITS DÉS	100 G
2	ÉCHALOTES SÈCHES ÉMINCÉES	2
2 C. À SOUPE	PERSIL FRAIS, HACHÉ	30 ML
I C. À SOUPE	ORIGAN FRAIS, HACHÉ	15 ML
⅓ TASSE	BEURRE DOUX À LA TEMPÉRATURE AMBIANTE	80 ML
I LB	BŒUF HACHÉ MAIGRE DE QUALITÉ	500 G
I	OIGNON ROUGE ÉMINCÉ	I
4	TRANCHES DE PANCETTA	4
4	TRANCHES DE TOMATE	4

RETIRER les pieds des portobellos, les hacher en très petits dés et réserver. Retirer les lamelles des chapeaux (ils remplaceront les pains à hamburger). Placer les chapeaux sur une plaque de cuisson, saler, poivrer, arroser d'un filet d'huile et cuire 12 minutes à 350 °F (180 °C). Réserver les chapeaux sur des essuie-tout.

FONDRE la noix de beurre dans une poêle, ajouter les pieds des portobellos et les faire suer avec les autres champignons et les échalotes. Ajouter le persil et l'origan, saler, poivrer et laisser refroidir.

DANS un petit bol, mettre le beurre doux en pommade, ajouter les champignons refroidis et mélanger délicatement afin d'obtenir un beurre homogène.

FAÇONNER le bœuf haché en huit petites galettes. Sur quatre des galettes, déposer une cuillerée de beurre aux champignons et fermer avec les quatre autres galettes. Couvrir et réfrigérer pendant 2 heures.

CUIRE les galettes de bœuf haché et réchauffer les chapeaux de portobellos. Monter les hamburgers sur la surface creuse des chapeaux, et les garnir d'oignon rouge, de pancetta et de tomate.

< CARPACCIO DE BŒUF AUX COPEAUX DE PARMESAN

4 PORTIONS / CONGÉLATION : 2 À 3 H
RÉFRIGÉRATION : 10 MIN

I LB	FILET MIGNON	500 G
	LE JUS DE I CITRON	
I C. À SOUPE	VINAIGRE BALSAMIQUE DE QUALITÉ	15 ML
2 C. À SOUPE	HUILE D'OLIVE	30 ML
3 1/2 OZ	COPEAUX DE PARMESAN	100 G
2 C. À SOUPE	CIBOULETTE CISELÉE	30 ML
I	PETITE ÉCHALOTE SÈCHE, FINEMENT ÉMINCÉE	I
	SEL ET POIVRE	

ENVELOPPER le filet mignon en cylindre bien serré dans une pellicule de plastique et mettre au congélateur de 2 à 3 heures.

COUPER le filet mignon en tranches très fines à l'aide d'un couteau bien affûté et les répartir sur quatre assiettes.

MÉLANGER le jus de citron avec le vinaigre et verser sur la viande. L'arroser de l'huile, couvrir et laisser reposer 10 minutes au réfrigérateur.

AU moment de servir, parsemer de copeaux de parmesan, ajouter la ciboulette et l'échalote, saler et poivrer.

TARTARE DE BŒUF À L'ORIENTALE

4 PORTIONS / MARINADE : I H

I C. À SOUPE	GINGEMBRE HACHÉ TRÈS FINEMENT	15 ML
I C. À SOUPE	HUILE DE SÉSAME GRILLÉ	15 ML
I	GOUSSE D'AIL HACHÉE FINEMENT	I
I C. À THÉ	SAUCE HOISIN	5 ML
I C. À SOUPE	SAUCE SOJA	15 ML
2 C. À SOUPE	HUILE D'OLIVE	30 ML
	LE JUS ET LE ZESTE DE I LIME	
I C. À THÉ	POUDRE DE WASABI	5 ML
I	PETIT OIGNON BLANC, HACHÉ FINEMENT	I
	SEL, AU GOÛT	
I LB	FILET DE BŒUF HACHÉ AU COUTEAU	500 G

MÉLANGER tous les ingrédients aromatiques dans un bol. Couvrir et laisser mariner 1 heure à la température ambiante.

METTRE le filet de bœuf dans un plat. Ajouter petit à petit la marinade et remuer délicatement à l'aide d'une cuillère jusqu'au goût désiré.

BOULETTES DE BŒUF, D'ARTICHAUT ET DE BASILIC

4 PORTIONS / REPOS : 15 MIN
CUISSON : 20 MIN

I TASSE	GROS CUBES DE MIE DE PAIN DE CAMPAGNE	250 ML
1/3 TASSE	LAIT	80 ML
I	ŒUF BATTU	I
	SEL ET POIVRE	
2 1/2 OZ	PARMESAN RÂPÉ	75 G
I 1/4 LB	BŒUF HACHÉ MI-MAIGRE	625 G
10	FEUILLES DE BASILIC HACHÉES	10
4	FONDS D'ARTICHAUTS CUITS, EN PETITS DÉS	4
2 C. À SOUPE	HUILE D'OLIVE	30 ML

METTRE la mie de pain dans un bol, l'arroser du lait, ajouter l'œuf, saler et poivrer. Laisser reposer pendant 15 minutes, le temps que la mie absorbe le lait, puis remuer énergiquement. Ajouter le parmesan et le bœuf haché, mélanger délicatement, puis incorporer le basilic et les fonds d'artichauts.

À L'AIDE d'une cuillère à crème glacée, façonner la préparation de bœuf haché en quatre boulettes. Les saisir dans l'huile chaude et les passer au four 10 minutes à 350 °F (180 °C) pour finir la cuisson.

COMMENTAIRE On peut aussi terminer la cuisson dans une sauce tomate.

BŒUF BRAISÉ À LA TOMATE ET AU PIMENT POBLANO

4 PORTIONS / CUISSON : 20 MIN

2	OIGNONS	2
I	PIMENT POBLANO ÉGRAINÉ	I
6	TOMATES ÉMONDÉES	6
	(voir méthode, p. 181)	
	ET ÉPÉPINÉES	
I	GOUSSE D'AIL	I
2 C. À SOUPE	HUILE D'OLIVE	30 ML
I ½ LB	BIFTECK DE	750 G
	CONTRE-FILET LÉGÈREMENT	
	DÉGRAISSÉ, EN CUBES	
	DE I ½ PO (4 CM)	
⅖ TASSE	BOUILLON DE BŒUF	100 ML
20	FEUILLES DE PERSIL PLAT	20
	SEL ET POIVRE	

METTRE les oignons, le piment poblano, quatre tomates et l'ail dans le récipient du robot et hacher grossièrement par à-coups (le mélange ne doit pas être lisse).
CHAUFFER l'huile à feu vif dans une casserole et faire colorer les cubes de bifteck. Ajouter le mélange de légumes et porter à ébullition. Réduire à feu doux, verser le bouillon de bœuf et laisser mijoter 10 minutes. Incorporer le persil et les deux dernières tomates coupées en petits quartiers, et poursuivre la cuisson de 5 à 8 minutes. Saler et poivrer.

SALADE DE BŒUF CALIFORNIENNE

4 PORTIONS / CUISSON : 10 MIN
RÉFRIGÉRATION : 45 MIN

13 OZ	BIFTECK DE CONTRE-FILET	400 G
	PARÉ DE TOUT SON GRAS	
	SEL ET POIVRE	
3 C. À SOUPE	HUILE D'OLIVE	45 ML
2	PAMPLEMOUSSES ROSES	2
⅔ TASSE	MAÏS EN GRAINS	160 ML
I	BULBE DE FENOUIL EN FINE	I
	JULIENNE	
20	TOMATES CERISES	20
	FERMES, ENTIÈRES	
3 ½ OZ	JEUNES FEUILLES	100 G
	D'ÉPINARDS	
10	FEUILLES DE CORIANDRE	10

ASSAISONNER le bifteck de sel et de poivre. Chauffer 1 c. à soupe (15 ml) d'huile à feu vif dans une poêle et colorer le bifteck 1 minute de chaque côté. Poursuivre la cuisson au four 6 minutes à 375 °F (190 °C) pour une viande saignante. Laisser refroidir le bifteck sur des essuie-tout et le couper en fines lamelles sur la largeur à l'aide d'un couteau bien affûté.
PELER les pamplemousses à vif et en lever les suprêmes au-dessus d'un bol pour récupérer le jus. Dans le bol, ajouter le reste de l'huile et tous les légumes, saler, poivrer et mélanger délicatement. Rectifier l'assaisonnement, dresser la salade sur quatre assiettes, surmonter des suprêmes de pamplemousses et des lamelles de bifteck. Garnir de la coriandre et mettre au réfrigérateur au moins 45 minutes avant de servir.

MILLEFEUILLES DE BŒUF, D'AUBERGINES ET DE POIVRONS RÔTIS

4 PORTIONS / CUISSON : 20 MIN / REPOS : 1 H 15

1 LB	FILET MIGNON EN TRANCHES D'ENVIRON ½ PO (1 CM) D'ÉPAISSEUR	500 G
1 C. À THÉ	SEL (ENVIRON)	5 ML
	POIVRE	
5 C. À SOUPE	HUILE D'OLIVE	75 ML
2	AUBERGINES MOYENNES, ÉMINCÉES FINEMENT	2
3	GOUSSES D'AIL HACHÉES	3
2	BRANCHES DE THYM	2
4	POIVRONS ROUGES RÔTIS (voir méthode, p. 137), ÉMINCÉS FINEMENT	4
1 C. À THÉ	PIMENT DE CAYENNE (FACULTATIF)	5 ML

ASSAISONNER les tranches de filet mignon d'un peu de sel et de poivre, et les passer rapidement (quelques secondes seulement) dans une poêle très chaude avec 2 c. à soupe (30 ml) d'huile. Réserver sur des essuie-tout.

SAUPOUDRER les aubergines de 1 c. à thé (5 ml) de sel et les laisser dégorger 15 minutes.

DANS la poêle, chauffer le reste de l'huile et y faire colorer l'ail de 4 à 5 minutes. Ajouter le thym et laisser infuser 1 minute hors du feu. Retirer l'ail et le thym. Ajouter les aubergines préalablement rincées à l'eau froide et épongées, et les faire sauter rapidement. Ajouter les poivrons et le piment de Cayenne, si désiré, et mélanger. Réserver.

REMPLIR quatre ramequins légèrement huilés en alternant les tranches de filet mignon et la préparation d'aubergines. Cuire au four 8 minutes à 400 °F (200 °C).

À LA SORTIE du four, déposer les ramequins sur une plaque de cuisson. Poser sur chacun un ramequin vide, alourdi d'un poids de 2 lb (1 kg) ou plus, et laisser en place pendant 1 heure en prenant soin de conserver le jus. Démouler et servir tiède, accompagné du jus qu'on aura réchauffé.

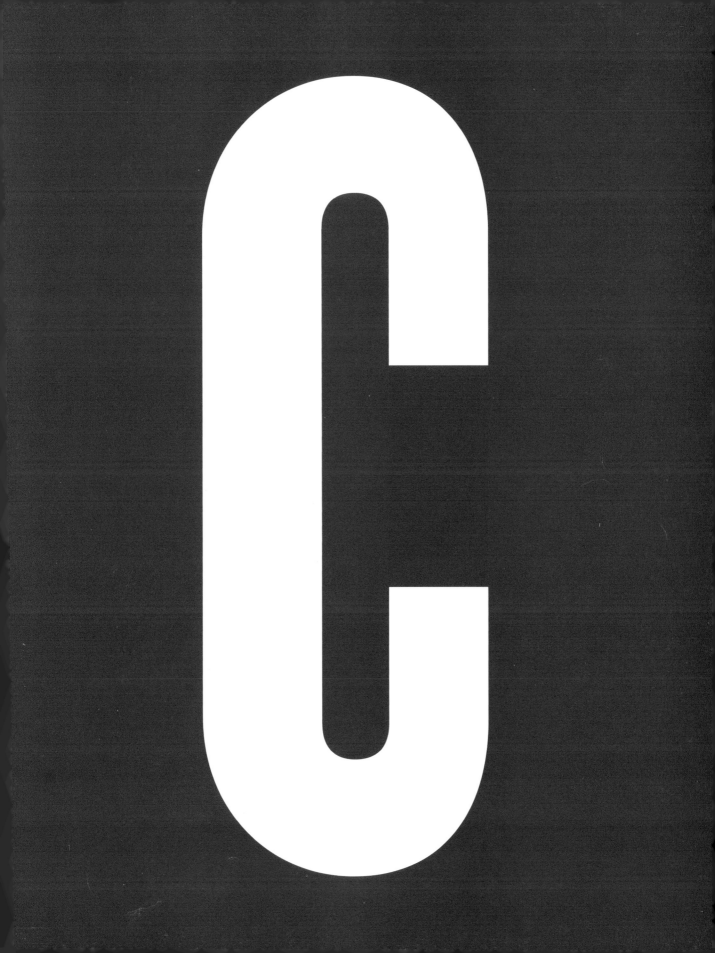

PAIN AUX CAROTTES

1 PAIN (4 À 6 PORTIONS) / CUISSON : 1 H

2	ŒUFS	2
½ TASSE	SUCRE	125 ML
1 TASSE	FARINE	250 ML
½ TASSE	BEURRE FONDU	125 ML
½ C. À THÉ	CANNELLE MOULUE	2 ML
1 C. À THÉ	POUDRE À PÂTE	5 ML
1 TASSE	CAROTTES RÂPÉES	250 ML
¼ TASSE	NOIX HACHÉES	60 ML

FOUETTER les œufs avec le sucre dans un bol. Quand le mélange double de volume et devient mousseux, ajouter petit à petit la farine et le beurre tout en continuant de fouetter. Ajouter ensuite la cannelle et la poudre à pâte, et enfin les carottes râpées et les noix sans arrêter de fouetter. Bien mélanger et verser dans un moule à pain beurré.

CUIRE au four pendant 1 heure à 350 °F (180 °C). Laisser tiédir avant de démouler.

SALADE DE CAROTTES ET DE POMME AUX RAISINS SECS

4 PORTIONS / CUISSON : 3 À 5 MIN

3 C. À SOUPE	AMANDES EFFILÉES	45 ML
1	PINCÉE DE SEL	1
1	PINCÉE DE POIVRE	1
1 C. À SOUPE	JUS DE CITRON	15 ML
2 C. À SOUPE	MIEL	30 ML
4	CAROTTES RÂPÉES	4
1	POMME RÂPÉE	1
¼ TASSE	RAISINS SECS OU CANNEBERGES SÉCHÉES	60 ML

FAIRE griller les amandes dans une poêle sans matière grasse. Réserver.

DANS un bol, dissoudre le sel et le poivre dans le jus de citron, puis ajouter le miel et bien mélanger. Incorporer les carottes, la pomme et les raisins, puis les amandes grillées. Arroser d'un filet d'huile d'olive. Servir frais.

FLANS DE CAROTTES

4 PORTIONS / CUISSON : 1 H

1 C. À SOUPE	MIEL	15 ML
	LE ZESTE ET LE JUS DE 1 ORANGE	
1	NOIX DE BEURRE	1
1 ¾ TASSE	CAROTTES EN PETITS CUBES	430 ML
1 ½ C. À THÉ	CARI	7 ML
3	ŒUFS	3
½ TASSE	CRÈME À 35 %	125 ML
	SEL ET POIVRE	

CHAUFFER le miel, le zeste et le jus d'orange avec le beurre dans une casserole. Ajouter les carottes et le cari, couvrir d'eau et cuire à feu doux pendant 20 minutes.

ÉGOUTTER le mélange de carottes et le passer au robot en ajoutant les œufs et la crème. Saler et poivrer.

REMPLIR quatre petits ramequins beurrés de la préparation et cuire au bain-marie, à couvert, environ 35 minutes à 350 °F (180 °C). Laisser tiédir avant de servir.

< SOUPE DE CAROTTES AU GINGEMBRE ET À LA CARDAMOME

4 PORTIONS / CUISSON : 30 MIN

1 C. À SOUPE	HUILE D'OLIVE	15 ML
1	OIGNON ÉMINCÉ	1
3 TASSES	CAROTTES EN PETITS CUBES	750 ML
½ TASSE	POMMES DE TERRE EN PETITS CUBES	125 ML
⅓ TASSE	PANAIS EN PETITS CUBES	80 ML
1 C. À SOUPE	MIEL	15 ML
4 TASSES	BOUILLON DE LÉGUMES	1 L
3 C. À SOUPE	GINGEMBRE FRAIS, RÂPÉ	45 ML
1½ C. À THÉ	CARDAMOME MOULUE	7 ML
	SEL ET POIVRE	

CHAUFFER l'huile dans une casserole et faire revenir l'oignon quelques minutes. Ajouter les carottes, les pommes de terre, le panais et le miel. Verser le bouillon de légumes, ajouter le gingembre et la cardamome, saler, poivrer et cuire 25 minutes à feu moyen.

PASSER la préparation au robot, puis la filtrer. Réchauffer à feu doux, rectifier l'assaisonnement et servir aussitôt.

GLACE CAROTTES MARRONS À LA VANILLE

4 PORTIONS / CONGÉLATION : 12 H

1	BOÎTE DE PURÉE DE MARRONS À LA VANILLE (100 G)	1
1¾ TASSE	CAROTTES EN PURÉE	430 ML
1 TASSE	LAIT ÉVAPORÉ (CARNATION)	250 ML
5 C. À SOUPE	RAISINS SECS	75 ML

PASSER la purée de marrons et les carottes au robot avec le lait évaporé pour obtenir une préparation homogène. Incorporer les raisins secs.

VERSER la préparation dans une sorbetière et turbiner (ou la verser dans un contenant bas et large, et placer au congélateur au moins 12 heures).

COMMENTAIRE

Peut accompagner les pétoncles ou les poissons blancs.

GELÉE DE CAROTTE À L'ESTRAGON

4 PORTIONS / CUISSON : 15 MIN
RÉFRIGÉRATION : 3 H

2 TASSES	SUCRE	500 ML
	LE JUS DE 2 LIMES	
⅖ TASSE	JUS D'ORANGE	100 ML
1⅗ TASSE	JUS DE CAROTTE FRAIS OU DU COMMERCE	400 ML
2	SACHETS DE GÉLATINE (7 G CHACUN)	2
¼ TASSE	EAU FROIDE	60 ML
1 C. À SOUPE	THYM FRAIS, HACHÉ	15 ML
2 C. À SOUPE	ESTRAGON FRAIS, HACHÉ	30 ML

MÉLANGER le sucre et les jus de lime, d'orange et de carotte dans une casserole. Porter à ébullition, puis retirer du feu.

FAIRE gonfler la gélatine dans l'eau froide et l'ajouter au mélange de jus. Assaisonner de thym et d'estragon. Répartir la préparation dans de petites verrines, couvrir et laisser prendre au moins 3 heures au réfrigérateur.

COMMENTAIRE

Peut accompagner un fromage.

SAUCE CAROTTE SAFRAN

DONNE 2 TASSES (500 ML) / CUISSON : 30 MIN

2 C. À SOUPE	BEURRE	30 ML
1 2/3 TASSE	CAROTTES HACHÉES	410 ML
1/2 TASSE	COURGE HACHÉE	125 ML
1/2 TASSE	CÉLERI-RAVE HACHÉ	125 ML
2 TASSES	BOUILLON DE LÉGUMES	500 ML
	PISTILS DE SAFRAN	
	NOIX DE MUSCADE RÂPÉE	
	AMANDES MOULUES,	
	AU GOÛT (FACULTATIF)	
2 À 3 C. À SOUPE	CRÈME À 35 %	30 À 45 ML
	SEL ET POIVRE	

FONDRE le beurre dans une casserole et y mettre les légumes. Mouiller avec le bouillon de légumes, couvrir et laisser mijoter à feu doux environ 20 minutes (vérifier la cuisson avec la lame d'un couteau : elle doit pénétrer facilement dans chaque légume). Retirer le couvercle et cuire de 2 à 3 minutes à feu vif. Ajouter du safran, de la muscade et, si désiré, de la poudre d'amandes.

HORS du feu, réduire la préparation en purée au mélangeur à main. Remettre à feu doux, incorporer la crème et repasser au mélangeur à main. Saler et poivrer. Si désiré, détendre la sauce avec un peu de bouillon de légumes.

COMMENTAIRE

Idéale avec le poisson.

SAUCE CAROTTE ORANGE

DONNE 1 1/2 TASSE (375 ML) / CUISSON : 15 MIN

4/5 TASSE	JUS DE CAROTTE	200 ML
2/5 TASSE	JUS D'ORANGE	100 ML
1	MORCEAU DE GINGEMBRE FRAIS, EN RONDELLES	1
3/5 TASSE	CRÈME À 35 %	150 ML
2 C. À SOUPE	BEURRE FROID, EN MORCEAUX	30 ML
	LE JUS DE 1 CITRON	

CHAUFFER le jus de carotte et le jus d'orange à feu vif dans une casserole. Ajouter le gingembre et faire réduire de moitié.

AJOUTER la crème et le beurre, porter à ébullition et laisser bouillir 5 minutes. Assaisonner de jus de citron et filtrer.

COMMENTAIRE

Idéale avec le canard et le gibier en général.

SAUTÉ DE CAROTTES À LA CORIANDRE

4 PORTIONS / CUISSON : 15 À 20 MIN

1 C. À SOUPE	HUILE D'OLIVE	15 ML
4 OU 5	CAROTTES EN TRANCHES FINES	4 OU 5
	CARI, AU GOÛT	
1/4 TASSE	BOUILLON DE LÉGUMES	60 ML
	SEL ET POIVRE	
2 C. À SOUPE	CORIANDRE FRAÎCHE, HACHÉE	30 ML
1/3 TASSE	NOIX DE PIN	80 ML

CHAUFFER l'huile dans une poêle, ajouter les carottes et cuire à feu vif quelques instants. Ajouter le cari et le bouillon de légumes, et poursuivre la cuisson jusqu'à ce que les carottes soient tendres mais encore croquantes sous la dent. Saler, poivrer, saupoudrer de coriandre et parsemer de noix de pin. Accompagner de yogourt épais.

SOUFFLÉ DE CAROTTES

4 PORTIONS / CUISSON : 40 MIN

3 C. À SOUPE	BEURRE	45 ML
3 C. À SOUPE	FARINE	45 ML
1 TASSE	LAIT	250 ML
	NOIX DE MUSCADE RÂPÉE, AU GOÛT	
	GINGEMBRE FRAIS, HACHÉ FINEMENT, AU GOÛT	
	SEL ET POIVRE	
2 C. À SOUPE	CRÈME À 35 %	30 ML
2 OZ	GRUYÈRE RÂPÉ	60 G
2/3 TASSE	CAROTTES EN PURÉE	160 ML
4	ŒUFS, JAUNES ET BLANCS SÉPARÉS	4

FONDRE le beurre à feu doux dans une casserole. Ajouter la farine et cuire sans coloration de 1 à 2 minutes en remuant. Ajouter petit à petit le lait, puis la muscade et le gingembre, et porter à ébullition. Réduire à feu doux et poursuivre la cuisson jusqu'à épaississement, en remuant de temps à autre. Saler et poivrer, puis incorporer la crème, le fromage, les carottes et les jaunes d'œufs.

DANS un grand bol, battre les blancs d'œufs en neige et les incorporer délicatement à la préparation de carottes. Verser dans un moule à soufflé beurré et cuire 30 minutes au centre du four à 375 °F (190 °C). Servir sans attendre.

RAGOÛT DE CHAMPIGNONS

4 PORTIONS / CUISSON : 25 MIN

2 C. À SOUPE	HUILE D'OLIVE	30 ML
I	ÉCHALOTE SÈCHE HACHÉE FINEMENT	I
I LB	CHAMPIGNONS DIVERS (PLEUROTES, CHANTERELLES, CHAMPIGNONS BLANCS, CÈPES, ETC.)	500 G
½ TASSE	TOMATES SÉCHÉES EN JULIENNE	125 ML
	SEL ET POIVRE	
⅖ TASSE	DEMI-GLACE DU COMMERCE	100 ML
2 C. À SOUPE	CRÈME (FACULTATIF)	30 ML
I C. À THÉ	MARJOLAINE FRAÎCHE, HACHÉE	5 ML
I C. À THÉ	PERSIL FRAIS, HACHÉ	5 ML
2 C. À THÉ	CIBOULETTE FRAÎCHE, CISELÉE	10 ML

CHAUFFER l'huile à feu moyen dans une casserole et faire revenir l'échalote. Ajouter les champignons et les tomates séchées, laisser mijoter 4 minutes, saler et poivrer. Incorporer la demi-glace et la crème, si désiré, et poursuivre la cuisson environ 15 minutes à feu doux. Incorporer les herbes.

CHAMPIGNONS MARINÉS DANS L'HUILE

4 PORTIONS / CUISSON : 20 MIN
INFUSION : 20 MIN / MARINADE : 10 MIN

⅓ TASSE	VINAIGRE DE VIN BLANC	80 ML
I TASSE	EAU	250 ML
I	BRANCHE DE BASILIC	I
I	FEUILLE DE LAURIER	I
I	GOUSSE D'AIL ENTIÈRE	I
I C. À THÉ	SUCRE	5 ML
I C. À THÉ	SEL	5 ML
I C. À SOUPE	GRAINS DE POIVRE	15 ML
I LB	CHAMPIGNONS FRAIS	500 G
⅘ TASSE	HUILE D'OLIVE	200 ML

DANS une casserole, mélanger le vinaigre et l'eau et y faire mijoter les herbes, l'ail, le sucre, le sel et le poivre 15 minutes. Retirer la casserole du feu et laisser infuser 20 minutes. Filtrer ce liquide de pochage.

REMETTRE le liquide filtré dans la casserole et ramener à ébullition. Hors du feu, ajouter les champignons (les couper en deux s'ils sont gros) et laisser mariner 10 minutes.

RETIRER les champignons du liquide, les laisser refroidir à la température ambiante, puis les mélanger à l'huile.

RISOTTO AUX CHAMPIGNONS

4 PORTIONS / CUISSON : 20 MIN

2 C. À SOUPE	HUILE D'OLIVE	30 ML
2	ÉCHALOTES SÈCHES HACHÉES	2
2	GOUSSES D'AIL HACHÉES	2
7 OZ	CHAMPIGNONS ÉMINCÉS	200 G
2 ⅔ TASSES	RIZ ARBORIO (RIZ À RISOTTO), RINCÉ À L'EAU FROIDE	660 ML
¼ TASSE	VIN BLANC	60 ML
8 TASSES	BOUILLON DE LÉGUMES	2 L
2 C. À SOUPE	BEURRE	30 ML
3 ½ OZ	PARMESAN RÂPÉ	100 G
	SEL ET POIVRE	

CHAUFFER l'huile à feu vif dans une casserole, ajouter les échalotes, l'ail et les champignons, et cuire à feu doux de 3 à 4 minutes.

AJOUTER le riz et le vin blanc, et cuire 2 minutes à feu moyen. Ajouter un peu de bouillon de légumes sans cesser de remuer. Dès que le riz a absorbé le bouillon, le mouiller de nouveau, et ainsi de suite jusqu'à utilisation complète du bouillon. (Le riz doit fondre dans la bouche tout en restant légèrement croquant; l'opération prend environ 15 minutes.)

INCORPORER le beurre et le parmesan, saler, poivrer et servir aussitôt.

SOUPE DE CHAMPIGNONS

4 PORTIONS / CUISSON : 35 MIN

1 C. À SOUPE	BEURRE	15 ML
1	OIGNON ÉMINCÉ	1
3 ½ OZ	PANCETTA EN PETITS DÉS	100 G
13 OZ	CHAMPIGNONS ÉMINCÉS	400 G
1 C. À SOUPE	FARINE	15 ML
²/₅ TASSE	CRÈME À 35 %	100 ML
6 TASSES	BOUILLON DE LÉGUMES	1,5 L
	SEL ET POIVRE	

FONDRE le beurre dans une casserole, et faire revenir l'oignon, la pancetta et la moitié des champignons. Poursuivre la cuisson à feu doux pendant 5 minutes. Ajouter la farine et bien remuer.

VERSER la crème et le bouillon de légumes, et porter à ébullition. Réduire à feu doux et laisser mijoter 15 minutes. Mixer à l'aide d'un mélangeur à main. Ajouter le reste des champignons et poursuivre la cuisson 10 minutes. Saler, poivrer et servir aussitôt.

TATINS DE CÈPES AU CHÈVRE

4 PORTIONS / CUISSON : 35 À 40 MIN
REPOS : 10 MIN

2 LB	CÈPES	1 KG
2 OZ	FROMAGE DE CHÈVRE (DE TYPE BOUQ ÉMISSAIRE), EN CUBES	60 G
1 C. À SOUPE	HUILE D'OLIVE	15 ML
1 C. À SOUPE	BEURRE	15 ML
2 C. À SOUPE	NOIX HACHÉES	30 ML
2	ÉCHALOTES SÈCHES ÉMINCÉES	2
2 C. À SOUPE	CRÈME À 35 %	30 ML
	SEL ET POIVRE	
2	GOUSSES D'AIL HACHÉES	2
2 C. À SOUPE	PERSIL FRAIS, HACHÉ	30 ML
2 C. À SOUPE	THYM FRAIS, HACHÉ	30 ML
7 OZ	PÂTE FEUILLETÉE	200 G

NETTOYER les cèpes en les essuyant bien. Séparer les pieds des chapeaux. Couper les chapeaux en tranches et réserver les pieds. Disposer des tranches de chapeaux et des cubes de fromage dans le fond de quatre ramequins de 4 po (10 cm) de diamètre.

HACHER le surplus de chapeaux et les pieds en morceaux assez gros. Chauffer l'huile et le beurre dans une poêle. Ajouter les cèpes hachés, les noix, les échalotes et la crème, saler et poivrer. Cuire environ 5 minutes à feu doux. Ajouter l'ail et poursuivre la cuisson 5 minutes. Fermer le feu, ajouter le persil et le thym, et mélanger délicatement. Remplir les ramequins de cette préparation et laisser refroidir.

SUR un plan de travail fariné, abaisser la pâte feuilletée en quatre cercles d'environ ⅛ po (3 mm) d'épaisseur. Couvrir les ramequins des abaisses et faire une incision au centre pour laisser échapper la vapeur.

CUIRE au four à 350 °F (180 °C) de 25 à 30 minutes ou jusqu'à ce que la pâte soit dorée. Laisser refroidir environ 10 minutes en prenant soin de bien presser sur les tatins pour compacter les champignons. Les retourner sur une assiette de façon que la pâte soit en dessous. Accompagner d'une salade de roquette ou de mâche.

TARTARE DE CHAMPIGNONS

4 PORTIONS

1 LB	GIROLLES OU CHANTERELLES, OU AUTRES CHAMPIGNONS FERMES, HACHÉS GROSSIÈREMENT	500 G
2 OZ	FROMAGE DE CHÈVRE ÉMIETTÉ	60 G
	LE JUS DE ½ CITRON	
1	ÉCHALOTE SÈCHE HACHÉE FINEMENT	1
2 C. À SOUPE	HUILE D'OLIVE	30 ML
1 C. À SOUPE	NOIX DE PIN RÔTIES ET HACHÉES	15 ML
1 C. À SOUPE	PERSIL FRAIS, HACHÉ	15 ML
	SEL ET POIVRE	

DANS un bol, mélanger tous les ingrédients, saler et poivrer.

VARIANTE Poêler les champignons dans environ 1 c. à soupe (15 ml) d'huile d'olive ou de beurre avant de les mélanger au reste des ingrédients. Éviter la cuisson à feu trop élevé, car les champignons seraient caoutchouteux.

MORILLES FARCIES

4 PORTIONS / CUISSON : 15 MIN

12	BELLES MORILLES ENTIÈRES	12
3 C. À SOUPE	HUILE D'OLIVE	45 ML
1	ÉCHALOTE SÈCHE ÉMINCÉE	1
5 OZ	CANARD CONFIT HACHÉ FINEMENT	150 G
1 C. À THÉ	THYM FRAIS, HACHÉ	5 ML
1 C. À THÉ	PERSIL FRAIS, HACHÉ	5 ML
1 OZ	FROMAGE FETA	30 G
1	ŒUF	1
	CHAPELURE	
	SEL ET POIVRE	
1 C. À SOUPE	BEURRE	15 ML

BIEN nettoyer les morilles en prenant soin de ne pas les abîmer. Chauffer 2 c. à soupe (30 ml) d'huile dans une casserole et faire suer l'échalote. Ajouter le canard confit, le thym et le persil, et cuire de 1 à 2 minutes à feu doux.

DANS un bol, mélanger la préparation de canard, le fromage et l'œuf. Ajuster la consistance de la farce avec de la chapelure (elle ne doit pas être trop sèche, sinon il sera difficile de farcir les morilles). À l'aide d'une poche à douille, farcir délicatement les morilles par le pied; saler et poivrer.

POÊLER les morilles dans le beurre et le reste de l'huile de 2 à 3 minutes et poursuivre la cuisson 2 minutes avant de servir (c'est meilleur bien chaud).

COMMENTAIRE On peut servir ces morilles dans un consommé de champignon.

CHAMPIGNONS GRILLÉS AUX HERBES

4 PORTIONS / CUISSON : 15 À 20 MIN

½ TASSE	HUILE D'OLIVE	125 ML
1	ÉCHALOTE SÈCHE HACHÉE	1
1	BRANCHE DE THYM HACHÉE	1
1	BRANCHE DE SAUGE HACHÉE	1
¼ TASSE	VIN ROUGE	60 ML
1 ½ LB	PORTOBELLOS OU PLEUROTES ERYNGII, ENTIERS OU EN TRANCHES	750 G
	SEL DE GUÉRANDE	

CHAUFFER 1 c. à soupe (15 ml) d'huile dans une casserole et faire suer l'échalote. Ajouter le thym, la sauge et le vin rouge, et cuire 2 minutes. Ajouter le reste de l'huile à ce mélange pour obtenir une marinade.

BADIGEONNER les champignons de la marinade. Cuire sous le gril du four (ou sur le barbecue à intensité élevée) de 2 à 3 minutes de chaque côté. Saupoudrer de sel de Guérande avant de servir.

DUXELLES

DONNE 2 TASSES (500 ML) / CUISSON : 30 MIN

13 OZ	CHAMPIGNONS BLANCS ENTIERS	400 G
7 OZ	CHAMPIGNONS AU CHOIX, ENTIERS	200 G
2 C. À SOUPE	BEURRE	30 ML
2	ÉCHALOTES SÈCHES ÉMINCÉES	2
	SEL ET POIVRE	
1 C. À SOUPE	PERSIL PLAT CISELÉ	15 ML

NETTOYER les champignons et couper la base terreuse des pieds. Fondre la moitié du beurre à feu moyen dans une casserole, ajouter les échalotes et cuire 3 minutes sans coloration. Ajouter les champignons et poursuivre la cuisson à feu doux en remuant jusqu'à complète évaporation de leur eau. Saler, poivrer, et ajouter le persil et le reste du beurre.

AU robot, hacher grossièrement la préparation par à-coups. Remettre à cuire quelques minutes à feu doux.

CHUTNEY DE CHAMPIGNONS

4 PORTIONS / CUISSON : 40 MIN

1 C. À SOUPE	BEURRE	15 ML
1	OIGNON ÉMINCÉ FINEMENT	1
1	GOUSSE D'AIL HACHÉE	1
1	POIVRON ROUGE ÉMINCÉ	1
1	POIVRON JAUNE ÉMINCÉ	1
7 OZ	CHANTERELLES ÉMINCÉES	200 G
3 ½ OZ	PLEUROTES ÉMINCÉS	100 G
3 ½ OZ	CHAMPIGNONS BLANCS ÉMINCÉS	100 G
1	CLOU DE GIROFLE	1
1	PETIT PIMENT FORT	1
2 C. À SOUPE	MIEL	30 ML
1	ANIS ÉTOILÉ	1
⅓ TASSE	VINAIGRE DE CASSIS OU DE POIRE	80 ML
⅓ TASSE	CIDRE	80 ML
	SEL ET POIVRE	

FONDRE le beurre à feu moyen dans une casserole. Ajouter l'oignon et l'ail, faire revenir 2 minutes, puis laisser cuire 3 minutes à feu doux.

AJOUTER les poivrons, les champignons, le clou de girofle, le piment fort, le miel et l'anis étoilé, et bien mélanger. Verser le vinaigre et le cidre, saler et poivrer. Laisser mijoter à feu doux jusqu'à complète évaporation du liquide. Rectifier l'assaisonnement. Retirer du feu et laisser refroidir.

COMMENTAIRE Idéal pour accompagner les viandes rouges ou le gibier. Se conserve 1 mois au réfrigérateur dans un récipient fermé.

Chèvre

TARTINES DE FROMAGE DE CHÈVRE

4 PORTIONS / CUISSON : 10 MIN

2 C. À SOUPE	HUILE D'OLIVE	30 ML
I	PETIT OIGNON, HACHÉ	I
4	FONDS D'ARTICHAUTS CUITS ET ÉMINCÉS	4
I C. À SOUPE	TOMATES SÉCHÉES HACHÉES	I5 ML
I C. À SOUPE	THYM FRAIS, HACHÉ	I5 ML
I0	GRAINS DE POIVRE CONCASSÉS	I0
7 OZ	FROMAGE DE CHÈVRE ÉMIETTÉ	200 G
4	GRANDES TRANCHES DE PAIN DE CAMPAGNE, GRILLÉES	4

CHAUFFER l'huile à feu vif dans une poêle. Ajouter l'oignon, les artichauts et les tomates séchées, et faire sauter de 2 à 3 minutes. Ajouter le thym, le poivre et le fromage de chèvre, et laisser cuire 3 minutes à feu moyen.

RÉPARTIR cette préparation sur les tranches de pain et cuire 3 minutes sous le gril du four. Servir avec une salade verte.

PETITE BÛCHETTE DE CHÈVRE FARCIE

4 PORTIONS / CUISSON : 6 MIN

I	PETITE BÛCHETTE DE CHÈVRE, COUPÉE EN QUATRE TRONÇONS	I
2 C. À SOUPE	RAISINS DE CORINTHE	30 ML
I C. À SOUPE	NOIX HACHÉES	I5 ML
I C. À THÉ	CANNEBERGES SÉCHÉES (OU AUTRE FRUIT SEC)	5 ML
I C. À SOUPE	MIEL	I5 ML
2 C. À SOUPE	PORTO	30 ML
I C. À THÉ	POIVRE CONCASSÉ	5 ML

À L'AIDE d'une cuillère à pomme parisienne, évider les tronçons de chèvre aux trois quarts sans abîmer le tour. Mettre le centre du chèvre récupéré dans un bol, l'écraser à la fourchette, ajouter le reste des ingrédients et bien mélanger. Farcir les tronçons évidés de cette préparation.

CUIRE au four 4 minutes à 400 °F (200 °C), puis passer sous le gril 2 minutes pour terminer la cuisson. Servir aussitôt.

TERRINES DE FROMAGE DE CHÈVRE AUX HERBES FINES

4 PORTIONS / CUISSON : 15 MIN
RÉFRIGÉRATION : 24 H

²/₅ TASSE	CRÈME À 35 %	I00 ML
I	SACHET DE GÉLATINE (7 G)	I
¼ TASSE	EAU FROIDE	60 ML
7 OZ	FROMAGE DE CHÈVRE FRAIS, ÉMIETTÉ	200 G
	LE JUS DE I LIME	
	SEL ET POIVRE	
2 C. À SOUPE	BASILIC FRAIS, HACHÉ FINEMENT	30 ML
I C. À SOUPE	ORIGAN FRAIS, HACHÉ FINEMENT	I5 ML
I C. À SOUPE	THYM FRAIS, HACHÉ FINEMENT	I5 ML

PORTER la crème à ébullition dans une casserole. Faire gonfler la gélatine dans l'eau froide, l'incorporer à la crème et cuire 1 minute à feu vif. Ajouter le fromage de chèvre et le jus de lime, saler et poivrer. Cuire à feu doux en remuant pour faire fondre le fromage.

RETIRER la casserole du feu, ajouter les herbes et mélanger. Répartir la préparation dans quatre petits récipients. Couvrir et réfrigérer 24 heures.

TREMPETTE DE CHÈVRE

DONNE 1 ½ TASSE (375 ML)
RÉFRIGÉRATION : 4 H

7 OZ	FROMAGE DE CHÈVRE FRAIS	200 G
4 OZ	FROMAGE À LA CRÈME	125 G
⅔ TASSE	CRÈME SURE	160 ML
	LE JUS DE ½ CITRON	
1	GOUSSE D'AIL	1
1 C. À SOUPE	VINAIGRE DE VIN BLANC	15 ML
¼ TASSE	HERBES FRAÎCHES (PERSIL, CIBOULETTE, SAUGE, CERFEUIL), HACHÉES FINEMENT	60 ML
¼ TASSE	PETITS DÉS DE POIVRONS ROUGE ET JAUNE	60 ML

METTRE le fromage de chèvre, le fromage à la crème et la crème sure dans le récipient du robot, et donner quelques tours. Ajouter le jus de citron, l'ail et le vinaigre, puis redonner quelques tours pour obtenir un mélange homogène.

TRANSFÉRER dans un bol, incorporer les herbes et le poivron, et remuer délicatement à la spatule. Couvrir et réfrigérer au moins 4 heures.

PETITES FOCACCIAS DE LÉGUMES GRILLÉS ET DE CHÈVRE

4 PORTIONS / CUISSON : 15 MIN
ÉGOUTTAGE : 1 H

1	COURGETTE EN TRANCHES	1
1	POIVRON ROUGE EN LANIÈRES	1
4	GROSSES TRANCHES D'AUBERGINE	4
1	PETIT OIGNON ROUGE, ÉMINCÉ	1
3 C. À SOUPE	HUILE D'OLIVE	45 ML
	SEL ET POIVRE	
8	FEUILLES DE BASILIC HACHÉES	8
1 C. À SOUPE	ORIGAN FRAIS, HACHÉ	15 ML
2 C. À SOUPE	VINAIGRE BALSAMIQUE DE QUALITÉ	30 ML
4	PETITES FOCACCIAS	4
7 OZ	FROMAGE DE CHÈVRE ÉMIETTÉ	200 G
4	FILETS D'ANCHOIS ENTIERS DESSALÉS	4

SUR une plaque de cuisson, déposer les tranches de courgette, les lanières de poivron, les tranches d'aubergine et l'oignon. Arroser de l'huile, saler et poivrer. Cuire sous le gril du four de 10 à 12 minutes. Retirer les légumes du four et les laisser égoutter dans une passoire pendant 1 heure, en plaçant quelques assiettes dessus pour les presser.

RÉCUPÉRER le jus de cuisson des légumes et le verser dans un bol. Ajouter le basilic, l'origan et le vinaigre balsamique afin de confectionner une vinaigrette.

BADIGEONNER les focaccias de vinaigrette, y répartir les légumes, parsemer de fromage de chèvre et garnir des filets d'anchois. Passer au four 5 minutes à 400 °F (200 °C).

PESTO DE CHÈVRE ET DE RICOTTA AUX NOISETTES

DONNE 2 ½ TASSES (625 ML)

I	GOUSSE D'AIL	I
7 OZ	FEUILLES DE BASILIC	200 G
½ TASSE	NOISETTES GRILLÉES	125 ML
I C. À SOUPE	OIGNON HACHÉ	15 ML
½ TASSE	HUILE D'OLIVE	125 ML
3 ½ OZ	FROMAGE DE CHÈVRE DOUX	100 G
2 C. À SOUPE	RICOTTA	30 ML
2 OZ	PARMESAN RÂPÉ	60 G

AU robot, réduire l'ail, le basilic, les noisettes et l'oignon en purée. Incorporer petit à petit l'huile, ajouter le fromage de chèvre, la ricotta et le parmesan, et continuer de mélanger au robot jusqu'à consistance homogène.

PAILLOT DE CHÈVRE FARCI EN ROBE DE CHOU DE SAVOIE

4 PORTIONS / CUISSON : 25 MIN

2 C. À SOUPE	HUILE D'OLIVE	30 ML
I C. À SOUPE	BEURRE DOUX	15 ML
I	OIGNON ÉMINCÉ	I
3 ½ OZ	PLEUROTES ÉMINCÉS	100 G
3 ½ OZ	CÈPES ÉMINCÉS	100 G
1 ¾ OZ	CHANTERELLES ÉMINCÉES	50 G
2 C. À SOUPE	BOUILLON DE LÉGUMES	30 ML
	SEL ET POIVRE	
4	FEUILLES DE CHOU DE SAVOIE BLANCHIES (LES PLUS VERTES)	4
8 OZ	PAILLOT DE CHÈVRE COUPÉ EN HUIT RONDELLES	250 G
2 C. À SOUPE	PISTACHES HACHÉES	30 ML

CHAUFFER l'huile et le beurre dans une poêle. Ajouter l'oignon et le faire suer sans coloration. Ajouter les champignons et les faire suer 3 minutes. Ajouter le bouillon de légumes et poursuivre la cuisson jusqu'à complète évaporation. Saler et poivrer.

BEURRER quatre ramequins et tapisser chacun d'une feuille de chou en la laissant bien déborder. Dans chaque ramequin, superposer une rondelle de chèvre et une cuillerée de champignons, parsemer de pistaches et couvrir d'une autre rondelle de chèvre. Presser avec les doigts et refermer les feuilles de chou.

CUIRE au four 15 minutes à 350 °F (180 °C). Laisser reposer quelques minutes avant de servir.

GLACE AU FROMAGE DE CHÈVRE

4 PORTIONS / CUISSON : 15 MIN
CONGÉLATION : 12 H

1 1/4 TASSE	CRÈME À 35 %	310 ML
1/4 TASSE	LAIT	60 ML
1	BRANCHE DE ROMARIN	1
2 1/2 C. À SOUPE	MIEL	37 ML
3	JAUNES D'ŒUFS	3
2 C. À SOUPE	SUCRE	30 ML
3 1/2 OZ	CHÈVRE DOUX, ÉMIETTÉ	100 G
3 C. À SOUPE	PETITS FRUITS SÉCHÉS	45 ML

PORTER la crème et le lait à ébullition dans une casserole avec la branche de romarin et le miel.

DANS un bol, battre les jaunes d'œufs avec le sucre jusqu'à ce que le mélange blanchisse, puis y ajouter doucement le tiers du mélange de crème. Remettre dans la casserole avec le reste du mélange de crème et cuire à feu doux de 2 à 3 minutes ou jusqu'à ce que le mélange nappe le dos d'une cuillère. Filtrer cette crème anglaise, la remettre à feu doux, ajouter le fromage de chèvre et cuire 30 secondes.

HORS du feu, ajouter les fruits séchés et fouetter énergiquement. Verser la préparation dans une sorbetière et turbiner (ou la verser dans un contenant bas et large, et placer au congélateur au moins 12 heures).

NAPOLÉONS DE CHÈVRE ET DE TOMATES

4 PORTIONS / CUISSON : 35 MIN / REPOS : 2 H

3 C. À SOUPE	HUILE D'OLIVE	45 ML
1	COURGETTE EN PETITS DÉS	1
1	POIVRON ROUGE EN PETITS DÉS	1
16	OLIVES DE KALAMATA DÉNOYAUTÉES ET HACHÉES	16
4	TOMATES ÉMONDÉES (voir méthode, p. 181) ET ÉPÉPINÉES, EN PETITS DÉS	4
1	PINCÉE DE PIMENT D'ESPELETTE	1
1	GOUSSE D'AIL HACHÉE FINEMENT	1
1 C. À THÉ	THYM FRAIS, HACHÉ	5 ML
	SEL ET POIVRE	
7 OZ	FROMAGE DE CHÈVRE COUPÉ EN 12 RONDELLES	200 G

CHAUFFER l'huile à feu moyen-vif dans une poêle. Ajouter la courgette, le poivron et les olives, et faire revenir 1 minute. Réduire à feu doux et poursuivre la cuisson jusqu'à ce que les légumes soient tendres mais encore croquants sous la dent. Ajouter les tomates, le piment d'Espelette, l'ail et le thym ; saler, poivrer et cuire 1 minute.

DANS quatre ramequins légèrement beurrés, superposer une rondelle de fromage de chèvre, un peu de la préparation de légumes, de nouveau du chèvre, encore un peu de la préparation de légumes, et terminer par du chèvre.

CUIRE au four 20 minutes à 300 °F (150 °C). Retourner les ramequins sur une assiette sans les démouler et laisser reposer pendant 2 heures. Servir tiède accompagné du jus de cuisson.

MOUSSE AU CHOCOLAT EXPRESS

4 PORTIONS / CUISSON : 5 À 10 MIN
RÉFRIGÉRATION : 6 H

8 OZ	CHOCOLAT MI-AMER EN MORCEAUX	250 G
1½ TASSE	CRÈME À 35 %	375 ML

FONDRE le chocolat au bain-marie en remuant. Laisser refroidir légèrement.

DANS un bol froid, fouetter la crème en pics fermes. Mélanger délicatement le chocolat fondu et la crème fouettée. Répartir la mousse dans des coupes. Couvrir et réfrigérer au moins 6 heures.

CHOCOLAT CHAUD AUX ÉPICES

4 PORTIONS / CUISSON : 10 MIN

2 TASSES	LAIT	500 ML
1	BÂTON DE CANNELLE	1
5	GRAINS DE POIVRE	5
1	ANIS ÉTOILÉ	1
2 C. À SOUPE	SUCRE	30 ML
8 OZ	CHOCOLAT NOIR EN MORCEAUX	250 G

DANS une casserole, mélanger le lait avec la cannelle, le poivre et l'anis étoilé. Porter à ébullition à feu doux. Ajouter le sucre et le chocolat, et poursuivre la cuisson 5 minutes à feu doux en remuant jusqu'à ce que le chocolat soit complètement fondu. Filtrer et servir sans attendre.

PETITS POTS AU CHOCOLAT PARFUMÉ

4 PORTIONS / CUISSON : 10 MIN
REPOS : 15 MIN / RÉFRIGÉRATION : 6 H

PRÉPARATION AU CHOCOLAT

2 TASSES	CRÈME À 35 %	500 ML
8 OZ	CHOCOLAT NOIR EN MORCEAUX	250 G
2	JAUNES D'ŒUFS	2
2 C. À SOUPE	BEURRE	30 ML

ARÔMES

1 C. À SOUPE	GRAND MARNIER	15 ML
6	FEUILLES DE MENTHE	6
2 C. À SOUPE	CAFÉ EXPRESSO	30 ML
1 C. À SOUPE	CONFITURE DE FRAMBOISES	15 ML

CHAUFFER la crème à feu moyen dans une casserole. Dès qu'elle arrive à ébullition, la retirer du feu. Ajouter petit à petit le chocolat, bien remuer et laisser reposer 10 minutes. Ajouter les jaunes d'œufs et le beurre, et fouetter énergiquement.

DIVISER la préparation en quatre portions, parfumer chacune d'un arôme et laisser infuser 5 minutes. Retirer les feuilles de menthe. Verser les préparations dans quatre petits pots ou tasses à café. Réfrigérer 6 heures avant de servir.

TARTE AU CHOCOLAT ET À L'ORANGE

4 PORTIONS / CUISSON : 20 À 25 MIN
REPOS : 1 H 30 MIN / RÉFRIGÉRATION : 3 H

PÂTE À TARTE

1 TASSE	FARINE	250 ML
½ TASSE	BEURRE MOU	125 ML
½ TASSE	SUCRE	125 ML
1	ŒUF	1

GARNITURE

½ TASSE	CRÈME À 35 %	125 ML
4 OZ	CHOCOLAT NOIR EN MORCEAUX	125 G
1 C. À SOUPE	BEURRE	15 ML
3 C. À SOUPE	CONFITURE D'ORANGES	45 ML

DANS un bol, mélanger tous les ingrédients de la pâte, la pétrir fermement et la façonner en boule. Envelopper d'une pellicule de plastique et laisser reposer 1 heure à la température ambiante.

PORTER la crème à ébullition dans une casserole. Hors du feu, ajouter le chocolat et le faire fondre en remuant. Ajouter le beurre, remuer énergiquement et réserver.

SUR un plan de travail fariné, abaisser la pâte à ⅛ po (3 mm) d'épaisseur. Déposer l'abaisse dans un moule à tarte, piquer le fond à la fourchette, la recouvrir de papier parchemin et ajouter des haricots secs. Cuire au four de 15 à 20 minutes à 350 °F (180 °C). Retirer les haricots et le papier parchemin et laisser refroidir 30 minutes à la température ambiante.

NAPPER le fond de la croûte de tarte d'une fine couche de confiture et y verser la garniture au chocolat. Réfrigérer pendant 3 heures.

PANFORTE

8 PORTIONS / CUISSON : 30 MIN

1 TASSE	FARINE	250 ML
1 C. À THÉ	CANNELLE MOULUE	5 ML
2 C. À SOUPE	CACAO AMER	30 ML
½ TASSE	ABRICOTS SECS EN PETITS MORCEAUX	125 ML
½ TASSE	NOISETTES HACHÉES GROSSIÈREMENT	125 ML
½ TASSE	NOIX HACHÉES GROSSIÈREMENT	125 ML
1 TASSE	MIEL	250 ML
1 TASSE	SUCRE	250 ML

DANS un bol, mélanger la farine, la cannelle, le cacao, les abricots, les noisettes et les noix.

DANS une casserole, cuire le miel avec le sucre de 3 à 4 minutes à feu doux. Augmenter à feu moyen, porter à ébullition et laisser bouillir pendant 2 minutes. Verser la préparation de miel sur les ingrédients secs et mélanger jusqu'à l'obtention d'une pâte homogène.

VERSER la pâte dans un moule de 11 po x 7 po (28 cm x 18 cm) préalablement beurré et fariné. Cuire au four de 20 à 25 minutes à 350 °F (180 °C).

CRÈME CUITE AU CHOCOLAT

4 PORTIONS / CUISSON : 20 MIN
RÉFRIGÉRATION : 2 H

4	JAUNES D'ŒUFS	4
½ TASSE	SUCRE (ENVIRON)	125 ML
1 C. À SOUPE	FÉCULE DE MAÏS	15 ML
2 TASSES	LAIT	500 ML
4 OZ	CHOCOLAT NOIR À 70 %, EN MORCEAUX	125 G

DANS un bol, battre les jaunes d'œufs avec le sucre. Ajouter la fécule de maïs et mélanger énergiquement.

CHAUFFER le lait dans une casserole. Hors du feu, ajouter le chocolat et remuer jusqu'à ce qu'il soit fondu.

VERSER le lait chocolaté chaud sur le mélange de jaunes d'œufs et bien remuer. Mettre à chauffer à feu doux. Lorsque la préparation commence à frémir, la répartir dans quatre ramequins et réfrigérer pendant 2 heures.

AVANT de servir, saupoudrer chaque portion d'un peu de sucre. Passer sous le gril du four de 1 à 3 minutes ou jusqu'à caramélisation du sucre.

FONDANT AU CHOCOLAT

4 PORTIONS / CUISSON : 20 MIN

½ TASSE	BEURRE MOU	125 ML
8 OZ	CHOCOLAT NOIR À 70 %, EN MORCEAUX	250 G
5	ŒUFS, BLANCS ET JAUNES SÉPARÉS	5
½ TASSE	SUCRE	125 ML
5 C. À SOUPE	FARINE	75 ML
3 C. À SOUPE	BAILEYS (FACULTATIF)	45 ML

AU bain-marie, fondre le beurre avec le chocolat en remuant de temps à autre.

PENDANT ce temps, monter les blancs d'œufs en neige ferme et réserver.

DANS un bol, fouetter les jaunes d'œufs avec le sucre jusqu'à ce que le mélange blanchisse. Sans cesser de fouetter, incorporer petit à petit la farine, puis le chocolat fondu et le Baileys, si désiré. À l'aide d'une spatule plate, incorporer les blancs d'œufs réservés en soulevant délicatement la masse.

BEURRER généreusement quatre ramequins et les remplir à moitié de la préparation. Cuire au four 15 minutes à 375 °F (190 °C). Servir chaud.

SAUCE AU CHOCOLAT

4 PORTIONS / CUISSON : 10 MIN
REPOS : 15 MIN

4 OZ	CHOCOLAT MI-AMER EN MORCEAUX	125 G
½ TASSE	CRÈME À 35 %	125 ML
2 C. À SOUPE	RHUM BRUN	30 ML
2 C. À SOUPE	CAFÉ EXPRESSO	30 ML
2 C. À SOUPE	SUCRE	30 ML
2 C. À SOUPE	EAU	30 ML

METTRE tous les ingrédients dans une casserole et chauffer à feu doux en remuant sans arrêt jusqu'à ce que la préparation soit homogène. Laisser reposer 15 minutes, puis fouetter énergiquement. Servir avec des fruits frais.

SABLÉS AU CHOCOLAT

DONNE 24 SABLÉS / RÉFRIGÉRATION : 1 H
CUISSON : 20 MIN PAR FOURNÉE

3 C. À SOUPE	SUCRE	45 ML
½ TASSE	BEURRE MOU	125 ML
3	JAUNES D'ŒUFS	3
1 TASSE	FARINE	250 ML
1	PINCÉE DE SEL	1
2 C. À SOUPE	CACAO AMER	30 ML

DANS un grand bol, mélanger le sucre avec le beurre, puis incorporer les jaunes d'œufs. Dans un autre bol, mélanger la farine, le sel et le cacao, puis les incorporer progressivement au mélange de beurre. Façonner la pâte en boule, l'envelopper d'une pellicule de plastique et laisser reposer 1 heure au réfrigérateur.

SUR un plan de travail fariné, abaisser la pâte à ¼ po (5 mm) d'épaisseur. Découper les formes désirées et les disposer sur une plaque de cuisson tapissée de papier parchemin. Cuire au four de 15 à 20 minutes à 300 °F (150 °C).

BISCOTTIS

DONNE 24 BISCOTTIS / CUISSON : 45 À 50 MIN
REPOS : 1 H

1 TASSE	FARINE	250 ML
1 C. À THÉ	POUDRE À PÂTE	5 ML
1 C. À SOUPE	CACAO AMER	15 ML
½ TASSE	SUCRE	125 ML
3	ŒUFS	3
½ TASSE	AMANDES MONDÉES ENTIÈRES	125 ML

DANS un bol, mélanger la farine, la poudre à pâte, le cacao et le sucre. Ajouter les œufs un à un et bien mélanger après chaque addition. Incorporer les amandes.

SUR un plan de travail fariné, pétrir la pâte de 2 à 3 minutes. Façonner en pain allongé et déposer sur une plaque de cuisson tapissée de papier parchemin beurré. Cuire au four 30 minutes à 325 °F (160 °C).

RETIRER du four et laisser refroidir 1 heure à la température ambiante. Couper la pâte en tranches légèrement biseautées de ½ po (1 cm) d'épaisseur. Remettre au four de 15 à 20 minutes à 300 °F (150 °C).

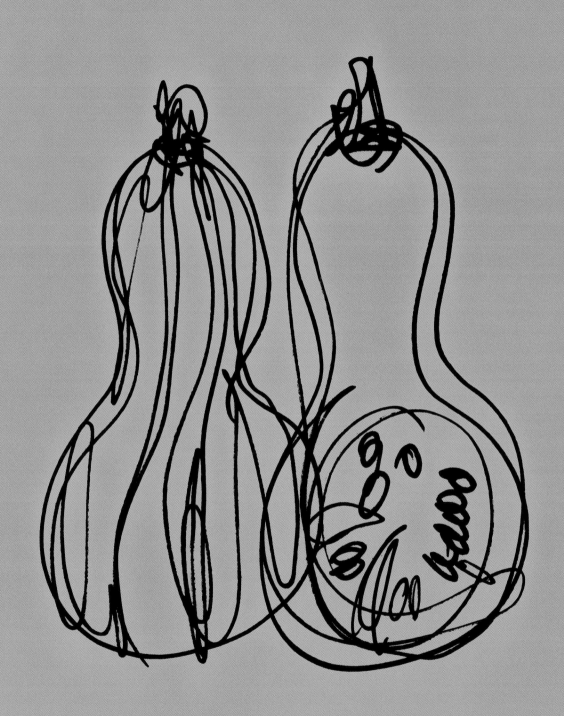

SOUPE DE COURGE AUX PATATES DOUCES

6 PORTIONS / CUISSON : 25 À 30 MIN

2 C. À SOUPE	HUILE D'OLIVE	30 ML
I	OIGNON HACHÉ FINEMENT	I
2 TASSES	COURGE BUTTERNUT EN DÉS	500 ML
I½ TASSE	PATATES DOUCES EN DÉS	375 ML
4 TASSES	BOUILLON DE POULET OU DE LÉGUMES	I L
½ TASSE	LENTILLES CORAIL	I25 ML
2 C. À THÉ	HUILE DE SÉSAME	I0 ML

DANS une casserole, chauffer l'huile à feu doux et y faire suer l'oignon. Ajouter la courge et les patates douces, et cuire 5 minutes à feu vif en remuant. Ajouter le bouillon de poulet et porter à ébullition. Réduire à feu doux et laisser mijoter 10 minutes. Ajouter les lentilles et cuire jusqu'à ce qu'elles soient tendres.
PASSER la préparation au robot pour obtenir une soupe de consistance crémeuse. Incorporer l'huile de sésame.

COURGE RÔTIE

4 PORTIONS / CUISSON : 30 À 40 MIN

I	COURGE BUTTERNUT EN CUBES	I
	SEL ET POIVRE	
2 C. À SOUPE	GRAINES DE CORIANDRE	30 ML
I	ANIS ÉTOILÉ BROYÉ	I
	HUILE D'OLIVE	

ÉTALER la courge sur une plaque de cuisson légèrement huilée. Saler, poivrer, saupoudrer des épices et arroser d'un filet d'huile.
COUVRIR de papier d'aluminium et cuire au four à 350 °F (180 °C) de 30 à 40 minutes ou jusqu'à ce que la courge soit tendre et bien colorée.

RISOTTO DE COURGE

4 PORTIONS / CUISSON : I5 MIN

2 C. À SOUPE	HUILE D'OLIVE	30 ML
I	OIGNON ÉMINCÉ FINEMENT	I
2½ TASSES	COURGE BUTTERNUT EN PETITS CUBES	625 ML
I⅔ TASSE	RIZ ARBORIO (RIZ À RISOTTO)	4I0 ML
6 TASSES	BOUILLON DE POULET OU DE LÉGUMES	I,5 L
3½ OZ	PARMESAN RÂPÉ OU FROMAGE DE CHÈVRE ÉMIETTÉ	I00 G
2 C. À SOUPE	SAUGE FRAÎCHE, HACHÉE	30 ML
	SEL ET POIVRE	

CHAUFFER l'huile à feu doux dans une casserole et faire suer l'oignon sans coloration. Augmenter le feu à moyen, ajouter la courge et le riz, et bien mélanger. Lorsque le riz est bien imprégné d'huile, ajouter un peu de bouillon de poulet. Sans cesser de remuer, ajouter le bouillon louche par louche (attendre que le bouillon soit absorbé avant d'en ajouter d'autre ; l'opération complète prend environ 15 minutes).
QUAND le riz est cuit et crémeux, incorporer le parmesan et la sauge ; saler et poivrer. Servir aussitôt.

MOUSSELINE DE COURGE MUSQUÉE

4 PORTIONS / CUISSON : 35 À 45 MIN

2 TASSES	COURGE MUSQUÉE EN CUBES	500 ML
2	POMMES DE TERRE AVEC LA PELURE, COUPÉES EN GROS MORCEAUX	2
	BEURRE, AU GOÛT	
2 C. À SOUPE	CRÈME SURE	30 ML
	SEL ET POIVRE	
½ C. À THÉ	NOIX DE MUSCADE RÂPÉE	2 ML
½ C. À THÉ	CARI	2 ML

ÉTALER la courge sur une plaque de cuisson légèrement huilée. Couvrir de papier d'aluminium et cuire au four à 350 °F (180 °C) de 35 à 45 minutes ou jusqu'à ce qu'elle soit tendre et bien colorée.

PENDANT ce temps, cuire les pommes de terre à l'eau bouillante salée.

RÉDUIRE la courge et les pommes de terre en purée, et bien les mélanger. Ajouter le beurre et la crème sure. Assaisonner de sel et de poivre, de muscade et de cari.

GNOCCHIS À LA COURGE

4 PORTIONS / CUISSON : 1 H À 1 H 15 MIN

4 TASSES	COURGE BUTTERNUT EN DÉS	1 L
1 TASSE	FARINE	250 ML
½ TASSE	POUDRE D'AMANDES RÔTIE OU AMANDES MOULUES, GRILLÉES	125 ML
1 OU 2	ŒUFS	1 OU 2
	SEL ET POIVRE	

ÉTALER la courge sur une plaque de cuisson légèrement huilée. Couvrir de papier d'aluminium et cuire au four à 350 °F (180 °C) de 30 à 45 minutes ou jusqu'à ce qu'elle soit tendre.

RÉDUIRE la courge en purée et la mettre au four à 350 °F (180 °C) pendant 30 minutes ou jusqu'à ce qu'elle soit très sèche. Laisser refroidir.

AJOUTER la farine et mélanger du bout des doigts sans trop pétrir. Incorporer la poudre d'amandes et un des œufs (si le mélange est trop sec, ajouter l'autre œuf). Saler et poivrer. Diviser la pâte en portions.

SUR un plan de travail légèrement fariné, façonner les portions de pâte en cinq à sept boudins de la taille d'un doigt et les couper en tronçons.

COMMENTAIRE On peut cuire les gnocchis à l'eau bouillante salée ou les congeler (ne pas les dégeler avant la cuisson).

SALADE DE COURGE > ET DE PAPAYE

4 PORTIONS

LÉGUMES ET HERBES

1	COURGE BUTTERNUT EN FINE JULIETTE	1
1	PAPAYE VERTE EN FINE JULIENNE	1
1	POIVRON ROUGE ÉMINCÉ	1
2 C. À SOUPE	PERSIL FRAIS, HACHÉ	30 ML
1 C. À SOUPE	CORIANDRE FRAÎCHE, HACHÉE	15 ML

VINAIGRETTE

½ TASSE	HUILE D'OLIVE	125 ML
3 C. À SOUPE	VINAIGRE DE CIDRE	45 ML
1 C. À SOUPE	MIEL	15 ML
	SEL ET POIVRE	

MÉLANGER les légumes et les herbes dans un saladier.

MÉLANGER les ingrédients de la vinaigrette dans un petit bol et verser sur les légumes. Saler et poivrer.

CHUTNEY DE COURGE À L'ORANGE AMÈRE

DONNE ENVIRON 3 1/2 TASSES (875 ML)
CUISSON : 30 À 45 MIN

3 TASSES	COURGE HACHÉE	750 ML
2	ORANGES AMÈRES AVEC LA PELURE, BROSSÉES ET HACHÉES	2
2	OIGNONS HACHÉS	2
2	POIVRONS ROUGES HACHÉS	2
1/2 TASSE	RAISINS SECS	125 ML
1 1/4 TASSE	VINAIGRE DE VIN BLANC	310 ML
2/3 TASSE	SUCRE	160 ML
1 C. À SOUPE	CANNELLE MOULUE	15 ML
1	PINCÉE DE PIMENT DE CAYENNE	1

METTRE tous les ingrédients dans une casserole, couvrir à hauteur avec de l'eau et porter doucement à ébullition. Cuire à feu doux jusqu'à complète évaporation du liquide, puis laisser refroidir.

COMMENTAIRE Ce condiment est idéal avec les charcuteries et les viandes rouges.

PÂTISSONS FARCIS

4 PORTIONS / CUISSON : 30 MIN

4	GROS PÂTISSONS	4
2 C. À SOUPE	BEURRE	30 ML
2 C. À SOUPE	HUILE D'OLIVE	30 ML
1	OIGNON HACHÉ	1
7 OZ	VEAU HACHÉ	200 G
7 OZ	AGNEAU HACHÉ	200 G
	CUMIN MOULU, AU GOÛT	
	GRAINES DE MOUTARDE, AU GOÛT	
1	GOUSSE D'AIL HACHÉE	1
	SEL ET POIVRE	
1/4 TASSE	CHAPELURE	60 ML
1/4 TASSE	FROMAGE FETA ÉMIETTÉ	60 ML

COUPER le sommet des pâtissons et évider l'intérieur à l'aide d'une cuillère. Faire mousser le beurre et l'huile dans une poêle, ajouter l'oignon et cuire doucement jusqu'à ce qu'il devienne transparent. Ajouter le veau, l'agneau, le cumin, la chair des pâtissons, les graines de moutarde et l'ail. Saler, poivrer et poursuivre la cuisson 3 minutes. Incorporer la chapelure.

FARCIR les pâtissons de cette préparation et les couvrir de leur chapeau. Déposer dans un plat allant au four, ajouter 1/2 à 3/4 po (1 à 2 cm) d'eau et couvrir.

CUIRE à 350 °F (180 °C) environ 20 minutes ou jusqu'à ce que les pâtissons soient tendres. Retirer du four, enlever les chapeaux et répartir le fromage sur la farce. Augmenter la température du four à 400 °F (200 °C). Remettre les pâtissons au four quelques minutes, le temps que le fromage fonde.

TATINS DE COURGE

4 À 6 PORTIONS
CUISSON : 1 H 10 MIN / REPOS : 5 MIN

1	COURGE BUTTERNUT EN QUARTIERS	1
1 C. À SOUPE	MIEL	15 ML
1 C. À SOUPE	ROMARIN FRAIS, HACHÉ FINEMENT	15 ML
¼ TASSE	NOIX DE PIN RÔTIES ET HACHÉES	60 ML
5 OZ	PÂTE FEUILLETÉE	150 G

ÉTALER la courge sur une plaque de cuisson légèrement huilée. Couvrir de papier d'aluminium et cuire au four à 350 °F (180 °C) environ 30 minutes ou jusqu'à ce qu'elle soit tendre mais encore croquante sous la dent.

CHAUFFER le miel avec le romarin dans une casserole et le répartir dans le fond de quatre à six ramequins individuels (ou un grand de 12 po/30 cm), beurrés.

RÉPARTIR les quartiers de courge dans les ramequins en prenant soin de bien les serrer les uns contre les autres. Parsemer des noix de pin et couvrir de la pâte feuilletée abaissée à ¼ po (5 mm) d'épaisseur. Piquer la pâte à la fourchette et cuire 35 minutes au four à 350 °F (180 °C). Laisser refroidir environ 5 minutes, puis retourner les ramequins sur une assiette de façon que la pâte soit en dessous.

RAVIOLIS À LA COURGE

4 PORTIONS / CUISSON : 1 H 25 MIN À 1 H 55 MIN

2 TASSES	COURGE EN DÉS	500 ML
½ TASSE	POIRES EN DÉS	125 ML
½ TASSE	POUDRE D'AMANDES RÔTIE OU AMANDES MOULUES, GRILLÉES	125 ML
	QUELQUES FEUILLES DE SAUGE HACHÉES	
3½ OZ	PARMESAN RÂPÉ (ENVIRON)	100 G
	SEL ET POIVRE	
8 À 10 OZ	PÂTE À PÂTES (voir recette, p. 128)	250 À 300 G

ÉTALER la courge sur une plaque de cuisson légèrement huilée. Couvrir de papier d'aluminium et cuire au four à 350 °F (180 °C) de 30 à 45 minutes ou jusqu'à ce qu'elle soit bien tendre. Répéter avec les poires.

RÉDUIRE la courge et les poires en purée. Mettre la purée au four à 350 °F (180 °C) environ 20 minutes ou jusqu'à ce qu'elle soit très sèche. Laisser refroidir, puis incorporer la poudre d'amandes, la sauge et le parmesan. Saler et poivrer.

À L'AIDE d'un laminoir, abaisser la pâte en deux rectangles égaux à l'épaisseur désirée (environ ⅛ po/3 mm). Déposer de petites boules de farce à la courge à intervalles réguliers sur la partie centrale du premier rectangle. Humecter la pâte autour de la farce avec un peu d'eau et la couvrir du deuxième rectangle. Presser légèrement avec les doigts autour de la farce pour évacuer l'air et souder les deux épaisseurs de pâte, puis couper les raviolis.

PLONGER les raviolis de 3 à 4 minutes dans une casserole d'eau bouillante légèrement salée. Les faire sauter avec une bonne sauce ou simplement dans de l'huile d'olive. Servir saupoudrés d'un peu de parmesan.

SALSA DE CREVETTES À L'ITALIENNE

DONNE 1 ½ TASSE (375 ML)
RÉFRIGÉRATION : 4 H

½ TASSE	RICOTTA	125 ML
7 OZ	CREVETTES CUITES, DÉCORTIQUÉES ET DÉVEINÉES, HACHÉES GROSSIÈREMENT	200 G
1	BRANCHE DE CÉLERI HACHÉE FINEMENT	1
2	GROSSES TOMATES ÉMONDÉES (voir méthode, p. 181) ET ÉPÉPINÉES, EN PETITS DÉS	2
1 C. À SOUPE	VINAIGRE BALSAMIQUE	15 ML
¼ TASSE	BASILIC FRAIS, HACHÉ	60 ML
2 C. À SOUPE	ORIGAN FRAIS, HACHÉ	30 ML
¼ TASSE	HUILE D'OLIVE	60 ML
	LE JUS ET LE ZESTE DE 1 CITRON	
10	BRINS DE CIBOULETTE CISELÉS	10
	SEL ET POIVRE, AU GOÛT	
1	PETIT PIMENT FORT, FINEMENT HACHÉ	1

DANS un grand bol, mélanger délicatement tous les ingrédients à l'aide d'une spatule. Couvrir et laisser reposer 4 heures au réfrigérateur.

BROCHETTES DE CREVETTES AUX AGRUMES

4 PORTIONS / CUISSON : 25 MIN
MARINADE : 30 MIN

1	PAMPLEMOUSSE BROSSÉ	1
1	ORANGE BROSSÉE	1
½	POMÉLO BROSSÉ	½
¼ TASSE	HUILE D'OLIVE	60 ML
10	BRINS DE CIBOULETTE CISELÉS	10
	SEL ET POIVRE	
3 C. À SOUPE	MIEL	45 ML
3 C. À SOUPE	JUS DE CITRON	45 ML
⅖ TASSE	EAU	100 ML
16	GROSSES CREVETTES, DÉCORTIQUÉES ET DÉVEINÉES	16

PELER les agrumes à vif (réserver les écorces), en lever les suprêmes et les tailler en petits dés. Dans un bol, mélanger les dés d'agrumes, l'huile et la ciboulette, saler et poivrer.

RETIRER la peau blanche des écorces d'agrumes en les grattant à l'aide d'un petit couteau. Mettre les écorces dans une casserole et les blanchir à l'eau froide jusqu'à ébullition. Retirer l'eau et recommencer l'opération trois fois afin d'enlever l'amertume.

HACHER les écorces et les mettre dans la casserole avec le miel, le jus de citron et l'eau. Cuire à feu doux 10 minutes. Récupérer le sirop ainsi obtenu.

ENFILER les crevettes sur des brochettes de bambou préalablement trempées dans l'eau et les badigeonner abondamment du sirop. Couvrir et laisser mariner 30 minutes au réfrigérateur.

CUIRE sous le gril du four (ou sur le barbecue à puissance moyenne-élevée) de 1 à 2 minutes de chaque côté. Servir avec la salade d'agrumes.

< ROULEAUX DE CREVETTES

4 ROULEAUX / RÉFRIGÉRATION : 2 H

SAUCE

2 C. À SOUPE	HUILE DE SÉSAME	30 ML
2 C. À SOUPE	BEURRE D'ARACHIDE	30 ML
2 C. À SOUPE	SAUCE SOJA	30 ML
2 C. À SOUPE	EAU TIÈDE	30 ML
1 C. À THÉ	SAUCE HOISIN	5 ML
½ C. À THÉ	SAMBAL ŒLEK (PÂTE DE PIMENT ASIATIQUE)	2 ML

GARNITURE

4	GRANDES CRÊPES DE RIZ	4
8	GROSSES CREVETTES, CUITES, DÉCORTIQUÉES ET DÉVEINÉES OU	8
7 OZ	CREVETTES DE MATANE CUITES, DÉCORTIQUÉES	200 G
1	OIGNON VERT COUPÉ EN QUATRE SUR LA LONGUEUR	1
½ TASSE	PAPAYE VERTE EN FINE JULIENNE	125 ML
½	CONCOMBRE ANGLAIS EN JULIENNE	½
¼ TASSE	GERMES DE HARICOTS	60 ML
12	FEUILLES DE CORIANDRE	12
12	FEUILLES DE MENTHE THAÏE	12
	LE JUS DE ½ LIME	
1 C. À THÉ	GINGEMBRE FRAIS, RÂPÉ	5 ML

MÉLANGER tous les ingrédients de la sauce dans un bol. Couvrir et laisser reposer 2 heures au réfrigérateur.

TREMPER une à une les crêpes de riz quelques secondes dans un bol d'eau chaude pour les ramollir, puis les étaler sur un linge sec. Mélanger le reste des ingrédients dans un bol. Répartir cette garniture au centre des crêpes, rabattre deux côtés opposés sur la garniture et rouler. Servir la sauce en accompagnement.

SAUTÉ DE CREVETTES AU CARI ET À LA NOIX DE COCO

4 PORTIONS / CUISSON : 10 MIN

2 C. À SOUPE	HUILE D'OLIVE	30 ML
1 C. À SOUPE	BEURRE	15 ML
1	ÉCHALOTE SÈCHE FINEMENT HACHÉE	1
24	GROSSES CREVETTES, DÉCORTIQUÉES ET DÉVEINÉES	24
1	FEUILLE DE CITRONNIER HACHÉE (FACULTATIF)	1
1 C. À SOUPE	GINGEMBRE FRAIS, HACHÉ FINEMENT	15 ML
1	GOUSSE D'AIL HACHÉE	1
2 C. À SOUPE	LAIT DE COCO	30 ML
1 C. À SOUPE	CARI	15 ML
	SEL ET POIVRE	
½ TASSE	NOIX DE COCO EN FLOCONS	125 ML

CHAUFFER l'huile et le beurre dans une poêle. Ajouter l'échalote et faire suer sans coloration. Ajouter les crevettes, la feuille de citronnier si désiré, le gingembre et l'ail, et faire sauter à feu vif 2 minutes. Ajouter le lait de coco et le cari, et poursuivre la cuisson 2 minutes. Saler et poivrer, parsemer de noix de coco et servir aussitôt.

BEIGNETS DE CREVETTES À LA BIÈRE

4 PORTIONS / REPOS : 1 H
CUISSON : 15 À 20 MIN

1 TASSE	FARINE	250 ML
1 C. À THÉ	SEL (ENVIRON)	5 ML
1	SACHET DE LEVURE À LEVÉE RAPIDE (8 G)	1
1/3 TASSE	LAIT LÉGÈREMENT TIÈDE	80 ML
2	ŒUFS	2
2/3 TASSE	BIÈRE NOIRE OU AUTRE, AU CHOIX	160 ML
2 C. À SOUPE	BEURRE MOU	30 ML
3	BLANCS D'ŒUFS	3
2 TASSES	HUILE VÉGÉTALE	500 ML
16	GROSSES CREVETTES, DÉCORTIQUÉES ET DÉVEINÉES	16
1	PINCÉE DE PIMENT DE CAYENNE	1
1	PINCÉE DE NOIX DE MUSCADE RÂPÉE	1
1	PINCÉE DE CARI	1

DANS un bol, mettre la farine, le sel et la levure. Ajouter le lait et les œufs, et mélanger délicatement jusqu'à l'obtention d'une pâte homogène. Ajouter la bière et le beurre, et remuer délicatement. Couvrir et laisser reposer 1 heure à la température ambiante.

MONTER les blancs d'œufs en neige et les incorporer à la pâte en soulevant délicatement la masse.

CHAUFFER l'huile végétale à 350 °F (180 °C) dans une friteuse. Saler les crevettes et les saupoudrer des épices. Les enrober de pâte à frire, les plonger aussitôt dans l'huile et cuire 4 minutes. Servir chaud.

TEMPURA DE CREVETTES

4 PORTIONS / MARINADE : 1 H
RÉFRIGÉRATION : 1 H / CUISSON : 5 MIN

CREVETTES

16	GROSSES CREVETTES, DÉCORTIQUÉES ET DÉVEINÉES	16
2 C. À SOUPE	HUILE DE SÉSAME	30 ML
1 C. À SOUPE	GINGEMBRE FRAIS, HACHÉ	15 ML
1 C. À THÉ	AIL HACHÉ	5 ML
2 TASSES	HUILE VÉGÉTALE	500 ML
3 C. À SOUPE	FÉCULE DE MAÏS	45 ML
	SAUCE SOJA	

PÂTE À TEMPURA

1/2 TASSE	FARINE	125 ML
1/2 TASSE	FÉCULE DE MAÏS	125 ML
3/4 TASSE	EAU GLACÉE	180 ML
1	BLANC D'ŒUF	1
1 C. À THÉ	POUDRE À PÂTE	5 ML
1	PINCÉE DE SEL	1

DANS un bol, mélanger les crevettes avec l'huile de sésame, le gingembre et l'ail. Couvrir et laisser mariner 1 heure au réfrigérateur.

PENDANT ce temps, mélanger tous les ingrédients de la pâte dans un bol et remuer énergiquement jusqu'à ce que la préparation soit lisse. Couvrir et laisser reposer 1 heure au réfrigérateur.

CHAUFFER l'huile végétale à 375 °F (190 °C) dans une friteuse. Bien éponger les crevettes, les rouler dans la fécule de maïs, puis les tremper une à une dans la pâte à tempura. Les plonger aussitôt dans l'huile et cuire de 2 à 3 minutes. Servir chaud avec de la sauce soja.

SALADE DE CREVETTES ET DE MANGUE GRILLÉE, PURÉE D'AVOCATS

4 PORTIONS / CUISSON : 5 À 6 MIN

2	AVOCATS BIEN MÛRS, PELÉS ET DÉNOYAUTÉS	2
¼ TASSE	HUILE D'OLIVE	60 ML
1	OIGNON VERT CISELÉ	1
1 C. À THÉ	YUZU OU JUS DE PAMPLEMOUSSE	5 ML
1	MANGUE MÛRE MAIS FERME, EN QUARTIERS	1
1	PINCÉE DE CLOU DE GIROFLE MOULU	1
½ TASSE	GERMES DE HARICOTS	125 ML
½	POIVRON ROUGE ÉMINCÉ FINEMENT	½
1 C. À SOUPE	CERFEUIL FRAIS, HACHÉ	15 ML
7 OZ	CREVETTES CUITES, DÉCORTIQUÉES ET DÉVEINÉES	200 G
	LE JUS DE ½ CITRON	
	SEL ET POIVRE	

DANS un bol, écraser la chair des avocats à la fourchette avec 2 c. à soupe (30 ml) d'huile, l'oignon vert et le yuzu jusqu'à ce que le mélange soit lisse. Couvrir et réserver au réfrigérateur.

DÉPOSER les quartiers de mangue sur une plaque de cuisson huilée et les saupoudrer de clou de girofle. Cuire sous le gril du four de 3 à 4 minutes, les retourner et poursuivre la cuisson 2 minutes. Laisser refroidir.

COUPER les quartiers de mangue refroidis en petits cubes et les mettre dans un bol. Ajouter les germes de haricots, le poivron, le cerfeuil et les crevettes. Arroser du reste de l'huile et du jus de citron, saler et poivrer.

POUR dresser, répartir la purée d'avocats en cercle au centre des assiettes et surmonter de salade de crevettes.

TABOULÉ DE CREVETTES À L'ANANAS ET À LA CORIANDRE

4 PORTIONS / CUISSON : 5 MIN
RÉFRIGÉRATION : 2 H / REPOS : 10 MIN

⅔ TASSE	BOUILLON DE LÉGUMES	160 ML
1 C. À THÉ	BEURRE	5 ML
½ TASSE	COUSCOUS	125 ML
12	GROSSES CREVETTES, CUITES, DÉCORTIQUÉES ET DÉVEINÉES	12
6	BRANCHES DE CORIANDRE EFFEUILLÉES ET HACHÉES	6
2 C. À SOUPE	HUILE D'OLIVE	30 ML
1 C. À THÉ	JUS DE CITRON	5 ML
	SEL ET POIVRE	
½ TASSE	ANANAS FRAIS, EN PETITS CUBES	125 ML

DANS une casserole, chauffer le bouillon de légumes avec le beurre jusqu'à ce qu'il soit très chaud. Mettre le couscous dans un bol et verser le bouillon chaud. Couvrir et laisser gonfler 10 minutes. Égrainer le couscous à la fourchette et laisser refroidir.

METTRE les crevettes dans un bol avec la coriandre, l'huile et le jus de citron. Saler et poivrer. Ajouter l'ananas, puis le couscous refroidi et remuer délicatement. Couvrir et laisser reposer 2 heures au réfrigérateur avant de servir.

KEBABS DE CREVETTES AUX SHIITAKES

4 PORTIONS / CUISSON : 15 MIN

1 C. À SOUPE	HUILE D'OLIVE	15 ML
¼ TASSE	SHIITAKES ÉMINCÉS	60 ML
10 OZ	CREVETTES DE MATANE CRUES DÉCORTIQUÉES	300 G
¼ TASSE	BEURRE MOU	60 ML
	SEL ET POIVRE	
1	OIGNON VERT FINEMENT CISELÉ	1
½ TASSE	CHAPELURE BLANCHE	125 ML
1½ C. À THÉ	FÉCULE DE MAÏS	7 ML

CHAUFFER l'huile à feu vif dans une poêle, ajouter les shiitakes et faire sauter de 2 à 3 minutes. Réserver sur des essuie-tout.

BIEN éponger les crevettes. Au robot, les réduire en pâte avec le beurre en donnant quelques tours. Saler et poivrer.

VERSER la pâte de crevettes dans un bol, puis ajouter l'oignon vert et les shiitakes. Mélanger à la spatule en incorporant petit à petit la chapelure afin d'obtenir une pâte assez ferme (au besoin, ajouter la fécule de maïs).

FAÇONNER la pâte en huit rouleaux de la taille du majeur et les piquer un à un sur huit brochettes de bambou préalablement trempées dans l'eau. Cuire les kebabs au four 10 minutes à 300 °F (150 °C).

VELOUTÉ DE CREVETTES LIÉ À L'AÏOLI

4 PORTIONS / INFUSION : 5 MIN
REPOS : 30 MIN / CUISSON : 30 MIN

AÏOLI

½ C. À THÉ	PISTILS DE SAFRAN	2 ML
1	JAUNE D'ŒUF	1
1 C. À THÉ	MOUTARDE DE DIJON	5 ML
⅖ TASSE	HUILE D'OLIVE	100 ML
1 C. À THÉ	JUS DE CITRON	5 ML
	SEL ET POIVRE DU MOULIN	
2	GOUSSES D'AIL HACHÉES FINEMENT	2

VELOUTÉ

2 C. À SOUPE	BEURRE	30 ML
2	OIGNONS HACHÉS FINEMENT	2
1	BRANCHE DE CÉLERI HACHÉE FINEMENT	1
2 À 3	POMMES DE TERRE EN CUBES	2 À 3
3	TOMATES ÉMONDÉES (voir méthode, p. 181) ET ÉPÉPINÉES, EN DÉS	3
2 C. À SOUPE	PÂTE DE TOMATES	30 ML
1 LB	PETITES CREVETTES, DÉCORTIQUÉES ET DÉVEINÉES	500 G
1 C. À THÉ	SAUCE PIQUANTE (DE TYPE HARISSA)	5 ML
4 TASSES	BOUILLON DE LÉGUMES	1 L
7 OZ	GROSSES CREVETTES, DÉCORTIQUÉES ET DÉVEINÉES	200 G

INFUSER le safran dans un peu d'eau tiède pendant 5 minutes.

DANS un petit bol, à l'aide d'un fouet, mélanger le jaune d'œuf et la moutarde de Dijon. Ajouter l'huile goutte à goutte, puis en filet en fouettant énergiquement. Continuer de fouetter jusqu'à ce que le mélange soit lisse et épais. Incorporer le jus de citron, saler et poivrer. Ajouter le safran et l'ail à cet aïoli, et bien remuer. Couvrir et laisser reposer 30 minutes au réfrigérateur.

FONDRE le beurre dans une casserole, ajouter les oignons, le céleri et les pommes de terre, et faire suer de 3 à 4 minutes sans coloration. Ajouter les tomates et la pâte de tomates, et cuire 8 minutes à feu moyen. Ajouter les petites crevettes et la sauce piquante, et poursuivre la cuisson 2 minutes. Verser le bouillon de légumes et porter à ébullition. Réduire le feu et laisser mijoter 10 minutes.

PASSER la préparation au mélangeur à main pour obtenir un velouté lisse. Ajouter 1 c. à soupe (15 ml) d'aïoli et passer de nouveau au mélangeur. Filtrer la préparation. Ajouter les grosses crevettes, porter le velouté à ébullition et laisser bouillir 2 minutes. Servir avec l'aïoli.

SORBET À LA FRAISE À L'ARÔME DE ROSE

4 PORTIONS / CUISSON : 15 À 20 MIN
CONGÉLATION : 12 À 14 H

1 LB	FRAISES FRAÎCHES OU SURGELÉES	500 G
1/2 TASSE	SUCRE	125 ML
	LE JUS DE 1 CITRON	
2 C. À SOUPE	EAU DE ROSE OU OU QUELQUES GOUTTES D'ESSENCE DE ROSE	30 ML

MÉLANGER les fraises, le sucre et le jus de citron dans une casserole, et cuire à feu moyen jusqu'à ce que les fraises s'écrasent bien à la fourchette. Ajouter l'eau de rose. Au robot, réduire la préparation en purée. Passer au tamis fin pour enlever les graines.

VERSER la préparation dans une sorbetière et turbiner (ou la mettre au congélateur dans un contenant bas et large; laisser geler environ 2 heures et passer au robot en l'actionnant par à-coups pour briser tous les cristaux qui se sont formés; répéter l'opération deux fois; remettre au congélateur de 6 à 8 heures ou jusqu'à consistance d'un sorbet ferme).

SALSA FRAISES ET MANGUE

DONNE 1 TASSE (250 ML) / MACÉRATION : 24 H

1 TASSE	FRAISES EN PETITS DÉS	250 ML
1	MANGUE BIEN MÛRE, EN PETITS DÉS	1
	LE JUS DE 1 LIME	
3 À 4	FEUILLES DE BASILIC ÉMINCÉES FINEMENT	3 À 4
1	ANIS ÉTOILÉ OU	1
1	PINCÉE D'ANIS ÉTOILÉ MOULU	1
	POIVRE, AU GOÛT	

MÉLANGER tous les ingrédients dans un bol. Couvrir et laisser macérer 24 heures au réfrigérateur.

COULIS DE FRAISES AU POIVRE DE SICHUAN

DONNE 4 TASSES (1 L) / CUISSON : 10 MIN

2 LB	FRAISES FRAÎCHES OU SURGELÉES	1 KG
3/4 TASSE	SUCRE	180 ML
3 À 4	PINCÉES DE POIVRE DE SICHUAN	3 À 4
	LE JUS DE 1 CITRON	

DANS une casserole, cuire les fraises à feu moyen avec le sucre et le poivre jusqu'à ce que le sucre soit dissous.

PASSER le mélange au robot avec le jus de citron jusqu'à ce qu'il soit lisse et homogène. Passer au tamis fin pour enlever les graines. Laisser refroidir avant de servir.

COMMENTAIRE Pour un coulis plus épais, ajouter 1 c. à soupe (15 ml) de fécule de maïs délayée dans un peu d'eau froide après avoir passé le mélange au tamis et cuire 3 minutes à feu moyen.

YOGOURT LÉGER À LA FRAISE

4 PORTIONS

½ TASSE	FRAISES FRAÎCHES	125 ML
2 C. À THÉ	MIEL DE BLEUETS	10 ML
⅔ TASSE	CRÈME À 35 %	160 ML
2 TASSES	YOGOURT NATURE ÉPAIS	500 ML
	FEUILLES DE MENTHE HACHÉES	

DANS un petit bol, écraser les fraises à la fourchette et y mélanger le miel.

DANS un autre bol, fouetter la crème jusqu'à ce qu'elle forme des pics mous. Incorporer le yogourt en remuant délicatement. Ajouter les fraises et un peu de menthe, et mélanger de manière à obtenir une préparation marbrée.

TARTELETTES AUX FRAISES ET AU CHOCOLAT BLANC

4 TARTELETTES / RÉFRIGÉRATION : 2 H
CUISSON : 20 MIN

PÂTE

¾ TASSE	FARINE	180 ML
½ TASSE	BEURRE	125 ML
¼ TASSE	SUCRE	60 ML
2	JAUNES D'ŒUFS	2
	EAU FROIDE	

GARNITURE

½ TASSE	CRÈME À 35 %	125 ML
3 C. À SOUPE	SUCRE	45 ML
3½ OZ	CHOCOLAT BLANC EN MORCEAUX	100 G
⅔ TASSE	MASCARPONE	160 ML
	LE ZESTE HACHÉ DE 1 ORANGE	
1	GOUSSE DE VANILLE FENDUE EN DEUX SUR LA LONGUEUR	1
⅖ TASSE	MIEL CHAUD	100 ML
20	GROSSES FRAISES EN TRANCHES	20
⅖ TASSE	GELÉE DE FRAISE FONDUE	100 ML

SUR le plan de travail, mélanger du bout des doigts la farine et le beurre jusqu'à l'obtention d'un mélange sableux. Faire une fontaine au centre du mélange de farine et y ajouter le sucre, les jaunes d'œufs et un peu d'eau froide (pas trop d'eau, sinon la pâte sera trop molle). Bien mélanger afin d'obtenir une pâte souple. Façonner la pâte en boule, l'envelopper d'une pellicule de plastique et laisser reposer 30 minutes au réfrigérateur.

ABAISSER la pâte en quatre cercles un peu plus grands que les moules à tartelettes (la pâte ne doit pas être trop mince, car elle risquerait de se briser). Déposer les abaisses dans le fond des moules et laisser déborder l'excédent. Couvrir et laisser reposer 30 minutes au réfrigérateur.

PENDANT ce temps, fouetter en mousse la crème avec le sucre et réserver. Faire fondre le chocolat au bain-marie en remuant, laisser refroidir un peu et ajouter le mascarpone. Incorporer la crème fouettée au mélange de chocolat et ajouter le zeste d'orange.

PIQUER le fond des abaisses à la fourchette, les recouvrir de papier parchemin et ajouter des haricots secs. Cuire au four 10 minutes à 400 °F (200 °C). Retirer les haricots et le papier parchemin, et remettre au four 5 minutes pour bien faire dorer la pâte. À la sortie du four, couper délicatement l'excédent de pâte et laisser refroidir.

GRATTER l'intérieur de la gousse de vanille pour récupérer les graines. Napper le fond des croûtes de tartelettes de miel chaud mélangé aux graines de vanille. Répartir la garniture au chocolat dans les croûtes. Disposer les fraises sur la garniture et les napper de la gelée de fraise. Réfrigérer 1 heure avant de servir.

CHIPS DE FRAISES

4 PORTIONS / CUISSON : 8 À 12 H

10	GROSSES FRAISES, ÉQUEUTÉES	10

À L'AIDE d'une mandoline chinoise, couper les fraises en tranches de ⅛ po (3 mm) d'épaisseur. Les étaler sur une plaque de cuisson tapissée de papier parchemin.

METTRE au four à 175 °F (80 °C) et laisser sécher de 8 à 12 heures. Retourner les tranches de fraises de temps à autre afin qu'elles se déshydratent de façon uniforme.

COMMENTAIRE On peut manger les fraises comme des chips ou s'en servir comme décoration pour des desserts. Pour les conserver, les ranger dans un contenant hermétique à l'abri de l'humidité.

CONFITURE DE FRAISES DES CHAMPS

DONNE 5 TASSES (1,25 L) / MACÉRATION : 24 H
CUISSON : 20 MIN

2 LB	FRAISES DES CHAMPS	1 KG
2 LB	SUCRE	1 KG
	LE JUS ET LE ZESTE RÂPÉ DE 3 ORANGES	
1 C. À THÉ	VINAIGRE BALSAMIQUE	5 ML

MÉLANGER les fraises et le sucre dans un grand bol. Couvrir et laisser macérer 24 heures au réfrigérateur.

METTRE les fraises et leur jus dans un chaudron à fond épais. Ajouter le jus et le zeste des oranges ainsi que le vinaigre balsamique. Porter à ébullition en remuant souvent. Laisser bouillir de 10 à 15 minutes ou jusqu'à ce que le mélange atteigne 220 °F (105 °C).

LAISSER refroidir un peu la confiture avant de la mettre dans des pots chauds. Fermer les pots tandis que la confiture est encore chaude.

COMMENTAIRE Se conserve environ 1 an dans un endroit frais à l'abri de la lumière.

FRAISES POÊLÉES À LA VODKA ET À LA LIME

4 PORTIONS / CUISSON : 2 MIN

1	PETITE NOIX DE BEURRE	1
24	GROSSES FRAISES ENTIÈRES	24
¼ TASSE	SUCRE	60 ML
	LE JUS DE 3 LIMES	
3 OZ	VODKA	90 ML

FONDRE le beurre à feu doux dans une poêle, puis augmenter à feu moyen. Ajouter les fraises et le sucre, et cuire 30 secondes en remuant délicatement. Augmenter à feu vif, ajouter le jus de lime et la vodka, et flamber. Poursuivre la cuisson de 45 secondes à 1 minute.

SERVIR aussitôt avec de la crème glacée.

FRAISES AU PORTO EN COQUE DE CHOCOLAT NOIR

4 PORTIONS / CUISSON : 45 SEC

20	GROSSES FRAISES, NON ÉQUEUTÉES	20
4/5 TASSE	PORTO	200 ML
1 C. À THÉ	MIEL	5 ML
7 OZ	CHOCOLAT NOIR À 70 %, HACHÉ	200 G

LAVER les fraises en prenant soin de ne pas abîmer les pédoncules. Mélanger parfaitement le porto avec le miel. À l'aide d'une seringue, injecter 2 c. à thé (10 ml) du mélange de porto dans chaque fraise. Réserver.

POUR préparer la couverture chocolatée, mettre le chocolat dans un bol allant au micro-ondes. Chauffer à intensité élevée par tranches de 15 secondes, en remuant après chaque tranche, jusqu'à ce qu'il soit presque entièrement fondu. Retirer du micro-ondes et remuer jusqu'à ce que le chocolat soit complètement fondu.

TREMPER les fraises dans le chocolat encore tiède et laisser figer (on peut les mettre au réfrigérateur).

COMMENTAIRE Ces fraises se conservent de 2 à 3 jours au réfrigérateur, dans un contenant hermétique.

ASPICS À LA FRAISE ET AU MOSCATO D'ASTI

4 PORTIONS / MACÉRATION : 12 H
CUISSON : 5 MIN
RÉFRIGÉRATION : 5 H 30 MIN À 6 H 30 MIN

SIROP DE FRAISES

1 TASSE	FRAISES SURGELÉES	250 ML
3/4 TASSE	SUCRE	180 ML

ASPICS

1 3/4 TASSE	VIN BLANC MOSCATO D'ASTI	430 ML
2 C. À SOUPE	SUCRE	30 ML
2	SACHETS DE GÉLATINE (7 G CHACUN)	2
1/4 TASSE	EAU FROIDE	60 ML
20	PETITES FRAISES DES CHAMPS	20

POUR obtenir le sirop de fraises, mélanger les fraises surgelées et le sucre dans un grand bol. Couvrir et laisser macérer toute une nuit au réfrigérateur.

LE LENDEMAIN, passer les fraises au tamis au-dessus d'un bol en les écrasant afin de récupérer le jus.

POUR préparer les aspics, chauffer le jus de fraises ainsi obtenu à feu doux dans une casserole. Ajouter le vin blanc et le sucre, et laisser fondre.

DANS un petit bol, faire gonfler la gélatine dans l'eau froide, puis l'incorporer au mélange de vin. Couvrir le fond de quatre ramequins individuels de mélange vin-gélatine et laisser prendre 30 minutes au réfrigérateur.

LORSQUE le mélange est bien pris, répartir les fraises des champs dans les ramequins, puis ajouter le reste du mélange vin-gélatine refroidi (ne pas verser de mélange chaud, car la couche du dessous fondrait). Couvrir et réfrigérer de 5 à 6 heures ou jusqu'à ce que les aspics aient pris.

HOMARD POCHÉ

4 PORTIONS / CUISSON : 30 À 35 MIN,
SELON LA TAILLE DES HOMARDS

I	PETITE NOIX DE BEURRE	I
2	BRANCHES DE CÉLERI EN PETITS DÉS	2
I	OIGNON EN PETITS DÉS	I
I	BLANC DE POIREAU EN PETITS DÉS	I
3	CAROTTES EN PETITS DÉS	3
20 TASSES	EAU	5 L
I	BOUQUET GARNI	I
2 C. À SOUPE	GROS SEL	30 ML
10	GRAINS DE POIVRE	10
4	HOMARDS VIVANTS DE I À I¼ LB (500 À 625 G) CHACUN	4

CHAUFFER le beurre dans une marmite, ajouter tous les légumes et faire suer de 3 à 4 minutes. Ajouter l'eau, le bouquet garni, le gros sel et le poivre, et porter à ébullition. Réduire le feu et laisser mijoter 15 minutes.

PLONGER les homards tête première dans le court-bouillon. Lorsque l'ébullition reprend, fermer le feu. Laisser les homards dans le court-bouillon de 10 à 12 minutes. Les égoutter, les laisser refroidir complètement à la température ambiante et les réfrigérer jusqu'au moment de servir.

SERVIR froid avec une mayonnaise ou une vinaigrette.

COMMENTAIRE Peu importe le poids des homards, cette méthode est toujours efficace.

CIVET DE HOMARD

4 PORTIONS / CUISSON : 20 À 22 MIN

6 C. À SOUPE	HUILE D'OLIVE	90 ML
2	PETITS OIGNONS, ÉMINCÉS	2
5	ÉCHALOTES SÈCHES ÉMINCÉES	5
2 OZ	LARD FUMÉ (BACON)	60 G
4	HOMARDS DE I½ LB (750 G) CHACUN, POCHÉS	4
⅖ TASSE	COGNAC	100 ML
I	BOUTEILLE DE VIN ROUGE (PINOT NOIR OU CÔTES-DU-RHÔNE)	I
I C. À SOUPE	BEURRE MOU	15 ML
I C. À SOUPE	FARINE	15 ML
I C. À THÉ	PERSIL FRAIS, HACHÉ	5 ML
I C. À THÉ	CERFEUIL FRAIS, HACHÉ	5 ML
I C. À THÉ	CIBOULETTE FRAÎCHE, HACHÉE	5 ML
	SEL ET POIVRE	

CHAUFFER l'huile dans une casserole et faire suer les oignons, les échalotes et le lard fumé. Ajouter la chair des homards coupée en gros médaillons et faire revenir 1 minute. Flamber au cognac, puis ajouter le vin rouge. Poursuivre la cuisson 5 minutes à feu moyen. Retirer les morceaux de homard et réserver au chaud.

FAIRE un beurre manié en travaillant ensemble le beurre et la farine à la cuillère de bois pour obtenir un mélange homogène, puis y ajouter les entrailles (le foie et le corail) des homards. Incorporer le beurre manié et les herbes à la réduction de vin rouge, et laisser réduire à feu moyen jusqu'à la consistance d'une sauce onctueuse. Saler et poivrer la sauce, la filtrer et la remettre dans la casserole.

METTRE les morceaux de homard dans la sauce civet et laisser mijoter 5 minutes. Servir très chaud.

TERRINE DE HOMARD AU THÉ AU JASMIN ET AUX BLANCS DE POIREAUX

4 PORTIONS / CUISSON : 2 H
INFUSION : 10 MIN
RÉFRIGÉRATION : 6 H 30 MIN

8 TASSES	EAU	2 L
3	CARCASSES DE HOMARD CONCASSÉES	3
2	TOMATES EN DÉS	2
2	CAROTTES EN PETITS DÉS	2
1	BOUQUET GARNI	1
4	SACHETS DE THÉ AU JASMIN	4
1	SACHET DE GÉLATINE (7 G)	1
1/4 TASSE	EAU FROIDE	60 ML
2	NOIX DE BEURRE	2
3	GROS BLANCS DE POIREAUX, COUPÉS EN DEUX SUR LA LONGUEUR	3
1 C. À SOUPE	THYM FRAIS, HACHÉ	15 ML
	SEL ET POIVRE	
13 OZ	CHAIR DE HOMARD POCHÉ, COUPÉE EN DÉS	400 G

VERSER les 8 tasses (2 L) d'eau dans une grande casserole. Ajouter les carcasses de homard, les tomates, les carottes et le bouquet garni. Cuire à feu doux, à couvert, pendant 1½ heure ou jusqu'à ce que le bouillon ait réduit de moitié. Filtrer le bouillon au chinois en étamine.

PLONGER les sachets de thé dans le bouillon et laisser infuser pendant 10 minutes.

FAIRE gonfler la gélatine quelques minutes dans l'eau froide, puis l'incorporer au bouillon de homard. Couvrir le fond d'une terrine de mélange de bouillon et laisser prendre 30 minutes au réfrigérateur.

PENDANT ce temps, fondre le beurre dans une casserole. Ajouter les blancs de poireaux et le thym, mouiller d'eau à hauteur, saler et poivrer légèrement. Cuire à feu moyen jusqu'à ce que les poireaux soient très tendres. Les retirer du feu, les éponger et les laisser refroidir complètement.

SORTIR la terrine du réfrigérateur. Tapisser la gelée de languettes de blancs de poireaux et de chair de homard. Répéter l'opération jusqu'au haut. Verser un peu de mélange de bouillon sur le dessus. Couvrir la terrine d'une pellicule de plastique, poser une petite plaque de bois dessus et presser légèrement avec une assiette. Réfrigérer au moins 6 heures avant de servir.

HOMARD CONFIT À LA VANILLE >

4 PORTIONS / CUISSON : 25 MIN

2	HOMARDS DE 1¼ LB (625 G) CHACUN, POCHÉS	2
2 C. À SOUPE	HUILE D'OLIVE	30 ML
½ À ¾ TASSE	BEURRE DOUX	125 À 180 ML
1	GOUSSE DE VANILLE FENDUE EN DEUX SUR LA LONGUEUR	1
2 C. À SOUPE	FEUILLES DE CERFEUIL HACHÉES	30 ML
	SEL ET POIVRE	

DÉCORTIQUER les homards, détailler les queues en médaillons et garder les pinces entières.

CHAUFFER l'huile et le beurre dans une grande casserole. Ajouter la gousse de vanille et faire suer 10 minutes à feu très doux. Jeter les morceaux de homard dans le beurre vanillé et confire à feu doux pendant 15 minutes.

RETIRER les morceaux de homard et les éponger légèrement. Parsemer du cerfeuil, saler et poivrer. Servir aussitôt avec une poêlée d'épinards.

HOMARD EN SABAYON DE CHAMPAGNE

4 PORTIONS / CUISSON : 45 MIN À 1 H

2	HOMARDS VIVANTS D'ENVIRON 1 LB (500 G) CHACUN	2
4	JAUNES D'ŒUFS	4
1	PINCÉE DE SEL	1
1 TASSE	CHAMPAGNE BRUT	250 ML

POCHER les homards comme indiqué dans la recette de Homard poché, p. 93. Égoutter et laisser refroidir.

FOUETTER les jaunes d'œufs au bain-marie à feu moyen. Ajouter le sel, puis le champagne petit à petit et cuire de 8 à 10 minutes sans cesser de fouetter jusqu'à ce que la préparation soit mousseuse et onctueuse.

COUPER les homards en deux sur la longueur et décortiquer les pinces. Napper de sabayon et faire dorer de 5 à 6 minutes sous le gril du four. Servir sans attendre.

GRATIN DE HOMARD AUX CÈPES

4 PORTIONS / CUISSON : 30 MIN

1	NOIX DE BEURRE	1
2	ÉCHALOTES SÈCHES HACHÉES	2
7 OZ	CÈPES BOUCHONS OU	200 G
3 OZ	CÈPES SÉCHÉS RÉHYDRATÉS	90 G
2 C. À SOUPE	COGNAC	30 ML
2 TASSES	BISQUE DE HOMARD (voir recette, p. 98)	500 ML
²/₅ TASSE	CRÈME À 35 %	100 ML
	SEL ET POIVRE	
	LA CHAIR DE 2 HOMARDS POCHÉS, COUPÉE EN GROS TRONÇONS	
1	BOUQUET DE CIBOULETTE (OU AUTRE HERBE, AU CHOIX) CISELÉ	1
1	BOUQUET DE CERFEUIL (OU AUTRE HERBE, AU CHOIX) CISELÉ	1
	PARMESAN RÂPÉ	

FONDRE le beurre dans une casserole, ajouter les échalotes et les faire suer sans coloration. Ajouter les cèpes entiers (s'ils sont trop gros, les couper en gros morceaux) et les faire dorer de tous les côtés.

FLAMBER au cognac. Ajouter la bisque et la crème, et cuire 10 minutes à feu doux. Saler et poivrer, ajouter la chair de homard et poursuivre la cuisson 2 minutes.

RETIRER le homard et les cèpes, et les mettre dans un plat allant au four. Laisser réduire la sauce du tiers, puis ajouter les herbes. Napper le homard et les cèpes de la sauce, et saupoudrer de parmesan. Faire gratiner de 8 à 10 minutes au four à 350 °F (180 °C).

WRAPS AU HOMARD ET AU FENOUIL

4 PORTIONS / CUISSON : 10 SEC

4	PAINS PITAS OU TORTILLAS	4
	DE FARINE BLANCHE	
1 C. À SOUPE	MAYONNAISE	15 ML
1 C. À THÉ	WASABI EN PÂTE OU	5 ML
	EN POUDRE	
	LE JUS DE 1/2 CITRON	
1/2	BULBE DE FENOUIL	1/2
	EN FINE JULIENNE	
1	LAITUE FRISÉE OU BOSTON	1
	LA CHAIR DE 1 HOMARD	
	POCHÉ, COUPÉE EN	
	PETITS DÉS	
1/2	GOUSSE D'AIL HACHÉE	1/2
	(FACULTATIF)	
1 C. À SOUPE	HUILE D'OLIVE	15 ML
	SEL ET POIVRE	

ENVELOPPER les pitas dans des essuie-tout et chauffer 10 secondes au micro-ondes.

DANS un bol, mélanger la mayonnaise, le wasabi et le jus de citron. Badigeonner les pitas légèrement tiédis de cette préparation.

RÉPARTIR le fenouil, la laitue, la chair de homard et l'ail, si désiré, sur les pitas. Arroser d'huile, saler et poivrer. Rouler les pitas en serrant.

SOUPE DE HOMARD AUX PETITS POIS

4 PORTIONS / CUISSON : 35 MIN

SOUPE

2 C. À SOUPE	HUILE D'OLIVE	30 ML
1	CARCASSE DE HOMARD	1
	CONCASSÉE	
2	TOMATES MOYENNES,	2
	EN GROS DÉS	
1	BLANC DE POIREAU	1
	EN GROS DÉS	
1	PETIT OIGNON, EN GROS DÉS	1
2	CAROTTES EN GROS DÉS	2
1	BRANCHE DE CÉLERI	1
	EN GROS DÉS	
1	FEUILLE DE LAURIER	1
2	BRANCHES D'ANETH	2
1	BRANCHE D'ESTRAGON	1
6 TASSES	BOUILLON DE LÉGUMES	1,5 L
	OU EAU	

GARNITURE

6	FEUILLES D'ESTRAGON	6
	HACHÉES	
12	FEUILLES DE PERSIL PLAT	12
	HACHÉES	
12	FEUILLES DE CORIANDRE	12
	HACHÉES	
12	FEUILLES DE CERFEUIL	12
	HACHÉES	
4	FEUILLES DE BASILIC	4
	HACHÉES	
	LA CHAIR DE 1 HOMARD	
	POCHÉ, COUPÉE EN	
	PETITS DÉS	
1/2 TASSE	PETITS POIS FRAIS	125 ML
	OU SURGELÉS	
1/3 TASSE	MAÏS EN GRAINS	80 ML
	SEL ET POIVRE	

CHAUFFER l'huile dans une grande casserole, ajouter la carcasse de homard, puis les légumes et les herbes de la soupe. Faire suer de 8 à 10 minutes ou jusqu'à légère coloration. Ajouter le bouillon de légumes et porter à ébullition. Réduire le feu et laisser frémir 20 minutes. Filtrer la préparation et la remettre à feu doux.

AJOUTER toutes les herbes de la garniture ainsi que la chair de homard et cuire 2 minutes à feu moyen. Ajouter les petits pois et le maïs, et poursuivre la cuisson 2 minutes. Saler et poivrer.

BISQUE DE HOMARD

**4 PORTIONS DE 1 TASSE (250 ML)
CHACUNE / CUISSON : 30 MIN**

1	HOMARD DE 1¼ LB (625 G), POCHÉ	1
2 C. À SOUPE	HUILE D'OLIVE	30 ML
1	PETIT OIGNON, HACHÉ	1
2	CAROTTES EN PETITS DÉS	2
1 C. À SOUPE	PÂTE DE TOMATES	15 ML
6 C. À SOUPE	FARINE	90 ML
3 C. À SOUPE	ARMAGNAC	45 ML
2½ TASSES	EAU	625 ML
1 C. À THÉ	PIMENT DE CAYENNE	5 ML
2 C. À THÉ	GRAINS DE POIVRE	10 ML
½ C. À THÉ	PISTILS DE SAFRAN	2 ML
1	POMME DE TERRE EN CUBES	1
½ TASSE	CRÈME À 35 %	125 ML
	SEL ET POIVRE	

DÉCORTIQUER le homard et réserver la chair. Chauffer l'huile dans une casserole et y faire suer la carcasse concassée pendant 2 minutes avec l'oignon, les carottes, la pâte de tomates et la farine.

FLAMBER à l'armagnac, puis ajouter l'eau, le piment de Cayenne, le poivre et le safran. Porter à ébullition, réduire le feu et laisser mijoter de 15 à 20 minutes. Filtrer le bouillon.

REMETTRE le bouillon à frémir, ajouter la pomme de terre et la crème, et cuire à feu moyen de 10 à 12 minutes. Passer au mélangeur à main pour obtenir une préparation lisse et onctueuse. Saler et poivrer au besoin. Servir accompagné de la chair de homard coupée en morceaux.

SALADE DE HOMARD AUX FIGUES FRAÎCHES ET AUX NOIX DE PIN

4 PORTIONS

SALADE

2	HOMARDS DE 1¼ LB (625 G) CHACUN, POCHÉS	2
8	FIGUES FRAÎCHES, LAVÉES ET COUPÉES EN TRANCHES	8
¼ TASSE	NOIX DE PIN GRILLÉES	60 ML

VINAIGRETTE

	LE JUS DE 1 LIME	
1	PINCÉE DE SEL	1
1	PINCÉE DE POIVRE	1
5 C. À SOUPE	HUILE D'OLIVE	75 ML
	LE JUS DE 2 FRUITS DE LA PASSION	

DÉCORTIQUER les homards, couper la chair en tronçons et la mettre dans un saladier. Ajouter les figues, mélanger délicatement et parsemer des noix de pin.

DANS un petit bol, mélanger le jus de lime, le sel et le poivre. Ajouter l'huile en filet, puis le jus des fruits de la passion et bien mélanger. Rectifier l'assaisonnement au besoin.

VERSER la vinaigrette sur la salade et servir.

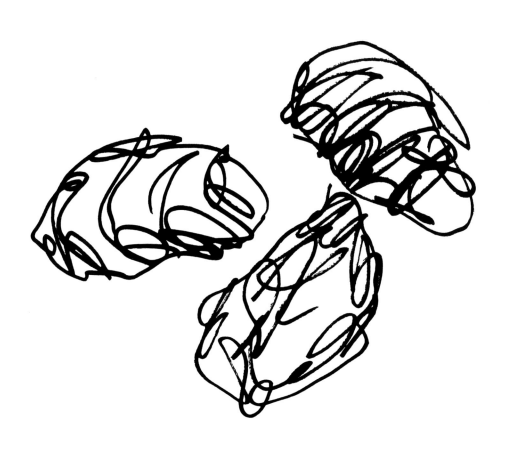

SOUPE AUX HUÎTRES À L'HUILE DE TRUFFE ET AUX PLEUROTES

4 PORTIONS / CUISSON : 25 MIN

24	HUÎTRES	24
I C. À SOUPE	BEURRE	15 ML
2	ÉCHALOTES SÈCHES HACHÉES	2
10	GROS PLEUROTES, FINEMENT ÉMINCÉS	10
I TASSE	FUMET DE POISSON	250 ML
I TASSE	VIN BLANC SEC	250 ML
I C. À SOUPE	CRÈME SURE	15 ML
4 C. À THÉ	CRÈME À 35 %	20 ML
10	BRINS DE CIBOULETTE CISELÉS	10
	SEL ET POIVRE	
¾ TASSE	JEUNES FEUILLES D'ÉPINARDS	180 ML
2 C. À SOUPE	HUILE DE TRUFFE	30 ML

OUVRIR les huîtres, filtrer leur eau et la réserver ainsi que la chair.

FONDRE le beurre dans une casse-role et y faire suer les échalotes 2 minutes. Ajouter les pleurotes et les faire suer 2 minutes. Ajouter l'eau filtrée des huîtres, le fumet de poisson et le vin blanc, et cuire 8 minutes à feu doux. Ajouter la crème sure et la crème à 35 %, et porter à ébullition. Réduire à feu doux et laisser cuire 10 minutes. Ajouter la ciboulette, saler et poivrer.

PLONGER les feuilles d'épinards et la chair des huîtres au plus 3 minutes dans la préparation de fumet. Arroser chaque portion de quelques gouttes d'huile de truffe.

TEMPURA D'HUÎTRES

**4 PORTIONS / RÉFRIGÉRATION : I H
CUISSON : 5 MIN**

HUÎTRES

24	GROSSES HUÎTRES, DÉCOQUILLÉES	24
2 TASSES	HUILE VÉGÉTALE	500 ML
3 C. À SOUPE	FÉCULE DE MAÏS	45 ML

VINAIGRETTE

	EAU FILTRÉE DES HUÎTRES	
I C. À SOUPE	VINAIGRE DE RIZ	15 ML
I C. À THÉ	ESTRAGON FRAIS, HACHÉ	5 ML
I C. À THÉ	TABASCO	5 ML
I C. À THÉ	SAUCE WORCESTERSHIRE	5 ML
	SEL ET POIVRE, AU GOÛT	

PÂTE À TEMPURA

½ TASSE	FARINE	125 ML
½ TASSE	FÉCULE DE MAÏS	125 ML
¾ TASSE	EAU GLACÉE	180 ML
I	BLANC D'ŒUF	I
I C. À THÉ	POUDRE À PÂTE	5 ML
I	PINCÉE DE SEL	I

BIEN éponger les huîtres. Réserver.

MÉLANGER tous les ingrédients de la vinaigrette dans un bol et laisser reposer 30 minutes au réfrigérateur.

PENDANT ce temps, mélanger tous les ingrédients de la pâte dans un bol et remuer énergiquement jusqu'à ce que la préparation soit lisse. Couvrir et laisser reposer 1 heure au réfrigérateur.

CHAUFFER l'huile végétale à 375 °F (190 °C) dans une friteuse. Rouler les huîtres dans la fécule de maïs, puis les tremper une à une dans la pâte à tempura. Les plonger aussitôt dans l'huile et cuire 2 minutes. Servir chaud avec la vinaigrette.

SALADE D'HUÎTRES AUX AGRUMES

4 PORTIONS

1	PAMPLEMOUSSE AVEC LA PELURE	1
2	ORANGES AVEC LA PELURE	2
1	CITRON AVEC LA PELURE	1
1	LIME AVEC LA PELURE	1
1	ÉCHALOTE SÈCHE HACHÉE	1
2 C. À SOUPE	HUILE D'OLIVE DE QUALITÉ	30 ML
1 C. À THÉ	ESTRAGON FRAIS, HACHÉ	5 ML
	SEL ET POIVRE	
24	HUÎTRES DÉCOQUILLÉES	24
2	BOTTES DE CRESSON EFFEUILLÉ	2

PELER tous les agrumes à vif et en lever les suprêmes au-dessus d'un bol pour récupérer le jus.

DANS un petit bol, mélanger le jus des agrumes, l'échalote, l'huile et l'estragon. Saler et poivrer.

DANS un saladier, mélanger délicatement les suprêmes d'agrumes et les huîtres. Ajouter le cresson et arroser de la vinaigrette. Servir aussitôt.

HUÎTRES EN SABAYON DE CHAMPAGNE ROSÉ

4 PORTIONS / CUISSON : 20 À 25 MIN

24	BELLES GROSSES HUÎTRES	24
4	JAUNES D'ŒUFS	4
1 TASSE	CHAMPAGNE ROSÉ	250 ML
	SEL ET POIVRE	

OUVRIR les huîtres, filtrer leur eau et la réserver ainsi que la chair. Placer les coquilles dans un plat allant au four et les chauffer 10 minutes à 200 °F (95 °C). Réserver.

CHAUFFER l'eau filtrée des huîtres à feu doux dans une casserole sans laisser bouillir. À l'aide d'une écumoire, plonger une à une les huîtres dans cette eau pendant 20 secondes, les déposer délicatement sur des essuie-tout, puis les remettre dans leur coquille. Filtrer de nouveau l'eau des huîtres.

FOUETTER les jaunes d'œufs au bain-marie à feu moyen. Incorporer petit à petit l'eau filtrée des huîtres, puis le champagne et cuire de 5 à 8 minutes sans cesser de fouetter jusqu'à ce que la préparation soit mousseuse et onctueuse. Saler et poivrer.

NAPPER chaque huître de sabayon et cuire sous le gril du four de 3 à 4 minutes.

HUÎTRES AU FOIE GRAS

4 PORTIONS / CUISSON : 3 MIN

6 OZ	FOIE GRAS CRU	180 G
16	HUÎTRES MOYENNES	16
	POIVRE CONCASSÉ	
	FLEUR DE SEL	

COUPER le foie gras en 16 tranches. Ouvrir les huîtres, jeter leur eau et les détacher de leur coquille. Mettre les huîtres en demi-coquille sur une plaque de cuisson.

DÉPOSER une tranche de foie gras sur chaque huître et les passer 3 minutes sous le gril du four.

POIVRER et saupoudrer d'un peu de fleur de sel. Servir aussitôt.

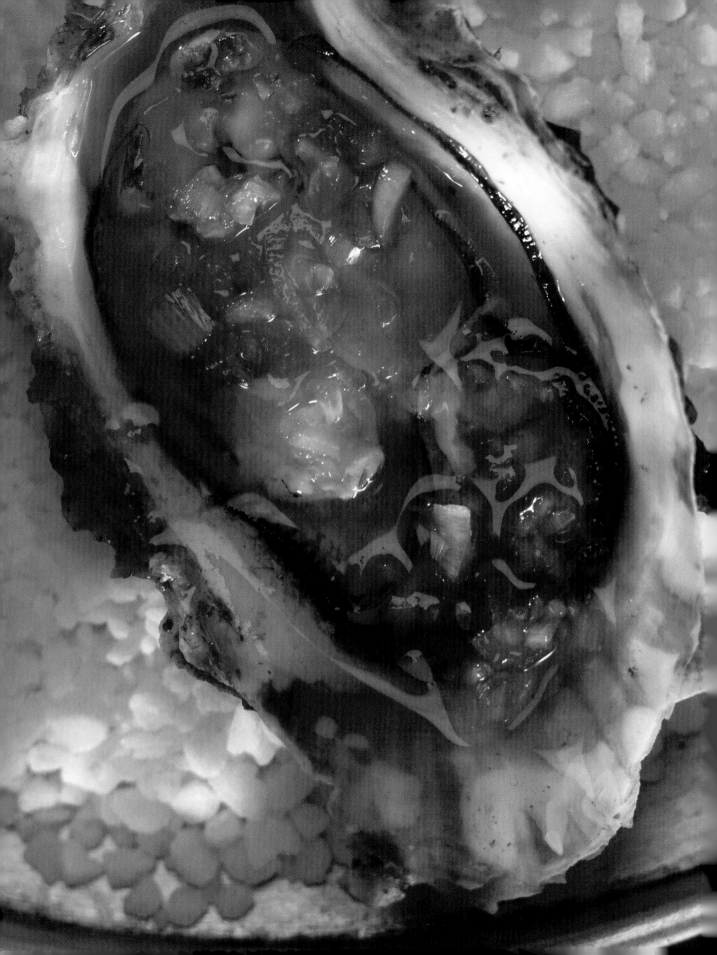

< VINAIGRETTE POUR HUÎTRES

DONNE ¾ TASSE (180 ML)
RÉFRIGÉRATION : 24 H

3 C. À SOUPE	VINAIGRE DE VIN	45 ML
²/₅ TASSE	VIN ROUGE	100 ML
2 C. À SOUPE	VINAIGRE DE XÉRÈS	30 ML
I C. À SOUPE	ESTRAGON FRAIS, CISELÉ	15 ML
I C. À SOUPE	POIVRE CONCASSÉ	15 ML
½	FEUILLE DE LAURIER	½
I	BRANCHE DE THYM	I
I C. À THÉ	ZESTE DE CITRON	5 ML
4	ÉCHALOTES SÈCHES HACHÉES	4

MÉLANGER le vinaigre de vin, le vin rouge et le vinaigre de xérès dans un petit bol. Ajouter l'estragon, le poivre, la feuille de laurier, le thym, le zeste de citron et deux des échalotes, et bien mélanger. Couvrir et laisser reposer 24 heures au réfrigérateur.
FILTRER la vinaigrette et ajouter le reste des échalotes.

HUÎTRES CHAUDES AU PARMESAN ET À LA ROQUETTE

4 PORTIONS / CUISSON : 5 À 6 MIN

2	BOUQUETS DE ROQUETTE	2
3 C. À SOUPE	HUILE D'OLIVE	45 ML
	LE JUS DE I CITRON	
I C. À THÉ	SEL	5 ML
I C. À THÉ	POIVRE CONCASSÉ	5 ML
	GROS SEL	
24	HUÎTRES MOYENNES EN DEMI-COQUILLE	24
7 OZ	PARMESAN RÂPÉ	200 G
	VINAIGRE BALSAMIQUE	

PLONGER la roquette 10 secondes dans une casserole d'eau bouillante et la refroidir aussitôt dans un bol d'eau glacée. Bien l'éponger, puis la réduire en purée fine au robot avec l'huile, le jus de citron, le sel et le poivre.
FAIRE un lit de gros sel sur une plaque de cuisson et y déposer les huîtres en demi-coquille. Garnir chacune d'une cuillerée de purée de roquette et saupoudrer de parmesan.
CUIRE sous le gril du four de 5 à 6 minutes. Arroser de quelques gouttes de vinaigre balsamique et servir aussitôt.

HUÎTRES FLAMBÉES AU WHISKY

4 PORTIONS / CUISSON : 5 MIN

24	GROSSES HUÎTRES EN DEMI-COQUILLE	24
²/₅ TASSE	CRÈME À 35 %	100 ML
2 C. À SOUPE	CASSONADE	30 ML
I À I½ TASSE	WHISKY	250 À 375 ML

PLACER les huîtres sur un plat, et les garnir d'un peu de crème et de cassonade.
CHAUFFER le whisky dans une casserole à feu très doux. Lorsqu'il est chaud, le répartir sur les huîtres et flamber aussitôt.

GRATIN D'HUÎTRES AUX FINES HERBES

4 PORTIONS / CUISSON : 30 MIN

24	BELLES GROSSES HUÎTRES	24
6	JAUNES D'ŒUFS	6
1½ TASSE	VIN BLANC DE QUALITÉ (DE TYPE CHABLIS)	375 ML
3 C. À SOUPE	HERBES FRAÎCHES (CIBOULETTE, CERFEUIL, ESTRAGON, ETC.), HACHÉES	45 ML
	SEL ET POIVRE	

OUVRIR les huîtres, filtrer leur eau et la réserver ainsi que la chair. Placer les coquilles dans un plat allant au four et les chauffer 10 minutes à 200 °F (95 °C). Réserver.

CHAUFFER l'eau filtrée des huîtres à feu doux dans une casserole sans laisser bouillir. À l'aide d'une écumoire, plonger une à une les huîtres dans cette eau pendant 20 secondes, les déposer délicatement sur des essuie-tout, puis les remettre dans leur coquille. Filtrer de nouveau l'eau des huîtres.

FOUETTER les jaunes d'œufs au bain-marie à feu moyen. Incorporer petit à petit l'eau filtrée des huîtres, puis le vin blanc et les herbes, et cuire de 5 à 6 minutes sans cesser de fouetter jusqu'à ce que la préparation soit mousseuse et onctueuse. Saler et poivrer.

NAPPER chaque huître de sabayon et cuire sous le gril du four de 3 à 4 minutes.

SHOOTERS D'HUÎTRES

4 PORTIONS

8	PETITES HUÎTRES	8
1 TASSE	JUS CLAMATO	250 ML
½ TASSE	VODKA	125 ML
8	GOUTTES DE TABASCO	8
	LE JUS DE ½ LIME	
	GLAÇONS	

OUVRIR les huîtres, filtrer leur eau et la réserver ainsi que la chair.

DANS un shaker, mettre le jus clamato, la vodka, le tabasco et le jus de lime. Ajouter l'eau filtrée des huîtres et quelques glaçons, et mélanger. Filtrer le mélange de jus, le répartir dans quatre petits verres et ajouter deux huîtres dans chacun. À la vôtre!

MOUSSE AU MASCARPONE ET AU MIEL

4 PORTIONS / CUISSON : 2 MIN
RÉFRIGÉRATION : 2 H

1/4 TASSE	MIEL	60 ML
1/2 TASSE	CRÈME À 35 %	125 ML
I TASSE	MASCARPONE	250 ML
	LE JUS DE I LIME	
	PETITS FRUITS ROUGES	

METTRE le miel dans une casserole et chauffer 2 minutes à feu doux.

FOUETTER la crème en pics fermes ; réserver.

MÉLANGER délicatement le mascarpone et le jus de lime dans un bol. Verser le miel chaud et remuer énergiquement. Incorporer la crème à l'aide d'une spatule.

SÉPARER cette mousse dans quatre petits bols et réfrigérer au moins 2 heures. Garnir de petits fruits avant de servir.

GRANITÉ AU THÉ VERT ET AU MIEL

4 PORTIONS / CONGÉLATION : 3 À 6 H

4/5 TASSE	THÉ VERT DE TRÈS BONNE QUALITÉ, CHAUD	200 ML
3 C. À SOUPE	MIEL DE LAVANDE	45 ML

MÉLANGER le thé et le miel dans un bol. Verser dans un contenant bas et large, et mettre au congélateur de 3 à 6 heures. Mélanger au fouet toutes les demi-heures pour briser tous les cristaux qui se sont formés. Sortir 5 minutes avant de servir (les boules de granité se formeront plus facilement).

COMMENTAIRE Parfait pour accompagner les fruits frais et les tartelettes fines.

MADELEINES AU MIEL DE TRÈFLE ET AU GIROFLE

12 À 16 MADELEINES / RÉFRIGÉRATION : 4 H
CUISSON : 10 MIN

3	ŒUFS	3
2 C. À SOUPE	MIEL DE TRÈFLE	30 ML
1/2 TASSE	SUCRE	125 ML
3 C. À SOUPE	LAIT	45 ML
2/3 TASSE	FARINE TAMISÉE	160 ML
I C. À THÉ	POUDRE À PÂTE	5 ML
1/2 C. À THÉ	CLOU DE GIROFLE MOULU	2 ML
1/2 TASSE	BEURRE FONDU	125 ML

MÉLANGER les œufs, le miel et le sucre dans un bol. Incorporer parfaitement le lait et la farine, puis la poudre à pâte, le clou de girofle et le beurre. Mélanger jusqu'à homogénéité et laisser reposer 4 heures au réfrigérateur.

VERSER la préparation dans un moule à madeleines beurré et fariné. Cuire au four environ 10 minutes à 400 °F (200 °C).

PANNA COTTA AU MIEL ET À LA COMPOTE DE FIGUES

4 PORTIONS / CUISSON : 16 MIN
RÉFRIGÉRATION : 4 H

8	FIGUES FRAÎCHES, EN MORCEAUX	8
5 C. À SOUPE	MIEL	75 ML
½ TASSE	EAU	120 ML
6	FEUILLES DE BASILIC CISELÉES FINEMENT	6
2 TASSES	CRÈME À 35 %	500 ML
1	SACHET DE GÉLATINE (7 G)	1
4	FEUILLES DE BASILIC	4

METTRE les figues, ¼ tasse (60 ml) de miel et ¼ tasse (60 ml) d'eau dans une casserole. Cuire 10 minutes à feu doux en remuant de temps à autre. Incorporer le basilic ciselé et laisser refroidir.

FAIRE gonfler la gélatine dans ¼ tasse (60 ml) d'eau froide.

MÉLANGER la crème et le reste du miel dans une autre casserole. Cuire 5 minutes à feu doux en remuant de temps à autre. Ajouter la gélatine préalablement gonflée à l'eau froide et remuer 1 minute.

SÉPARER la compote de figues dans quatre petits bols ou verres, couvrir de panna cotta et réfrigérer 4 heures. Garnir d'une feuille de basilic avant de servir.

GUIMAUVE AU MIEL ET AU CITRON >

4 PORTIONS / CUISSON : 20 MIN
RÉFRIGÉRATION : 6 H

1 ¼ TASSE	SUCRE	310 ML
⅓ TASSE	MIEL	80 ML
¼ TASSE	GLUCOSE	60 ML
½ TASSE	EAU	125 ML
6	BLANCS D'ŒUFS	6
1 ½	SACHET DE GÉLATINE (7 G CHACUN)	1 ½
	LE ZESTE DE 3 CITRONS RÂPÉ TRÈS FINEMENT	
	SUCRE GLACE	

METTRE le sucre, le miel, le glucose et l'eau dans une casserole. Porter à ébullition et cuire à feu moyen jusqu'à ce qu'un thermomètre à bonbons indique 265 °F (130 °C).

MONTER les blancs d'œufs en neige ferme. Verser le sirop chaud sur les blancs avec la gélatine préalablement gonflée à l'eau froide ; remuer 3 ou 4 minutes et incorporer le zeste de citron.

VERSER la préparation sur une plaque de cuisson munie d'un rebord, huilée. Couvrir et laisser refroidir 6 heures au réfrigérateur. Couper selon la forme désirée et saupoudrer de sucre glace.

NAGE DE LITCHIS AU MIEL ET AU YUZU

4 PORTIONS / CUISSON : 5 MIN

I	BOÎTE DE LITCHIS (15 OZ)	I
⅓ TASSE	MIEL	80 ML
½ TASSE	JUS DE YUZU OU DE LIME	125 ML
I C. À SOUPE	GINGEMBRE FRAIS, RÂPÉ	15 ML
20	LITCHIS FRAIS, DÉNOYAUTÉS	20
	MELON ET MANGUE	

PASSER les litchis en conserve et leur jus au robot. Réserver.

METTRE le miel, le jus de yuzu et le gingembre dans une casserole et porter à ébullition. Ajouter la purée de litchis, poursuivre la cuisson 1 minute, puis filtrer. Laisser refroidir.

VERSER la préparation refroidie dans quatre petits bols. Garnir de litchis frais, de boules de melon et de dés de mangue.

AMANDES ET PACANES GRILLÉES AU MIEL ET À LA FLEUR DE SEL

4 PORTIONS / CUISSON : 15 MIN

½ TASSE	MIEL	125 ML
¼ TASSE	EAU	60 ML
⅔ TASSE	AMANDES MONDÉES	160 ML
⅔ TASSE	PACANES	160 ML
	FLEUR DE SEL	

FAIRE bouillir le miel 1 minute dans une poêle. Ajouter l'eau et les noix, et poursuivre la cuisson 2 minutes sans cesser de remuer.

ÉTALER les noix sur une plaque de cuisson tapissée de papier parchemin, saupoudrer d'un peu de fleur de sel et griller au four 10 minutes à 400 °F (200 °C). Laisser refroidir avant de servir.

TUILES AU MIEL ET AU GRAND MARNIER

DONNE 24 TUILES / CUISSON : 10 MIN
RÉFRIGÉRATION : 4 H

½ TASSE	BEURRE	125 ML
½ TASSE	MIEL	125 ML
¼ TASSE	SUCRE	60 ML
½ TASSE	FARINE TAMISÉE	125 ML
2 C. À SOUPE	GRAND MARNIER	30 ML

CHAUFFER le beurre dans une casserole. Ajouter le miel et le sucre, retirer du feu, puis incorporer la farine et le Grand Marnier. Laisser refroidir 4 heures au réfrigérateur.

À L'AIDE d'une spatule, façonner environ deux douzaines de petits cercles de pâte très minces sur une plaque de cuisson tapissée de papier parchemin. Cuire au four à 400 °F (200 °C) de 3 à 4 minutes ou jusqu'à ce que la pâte soit bien dorée.

SABLÉS AU MIEL ET AUX ARACHIDES

8 À 12 SABLÉS / RÉFRIGÉRATION : 2 H
CUISSON : 20 MIN

²/₃ TASSE	BEURRE MOU	160 ML
½ TASSE	MIEL	125 ML
1 C. À SOUPE	BEURRE D'ARACHIDE	15 ML
2 C. À SOUPE	ARACHIDES HACHÉES FINEMENT	30 ML
2 TASSES	FARINE	500 ML

MÉLANGER le beurre, le miel, le beurre d'arachide et les arachides dans un bol. Incorporer peu à peu la farine et pétrir de façon à obtenir une pâte homogène. Façonner en boudins de 2 po (5 cm) de diamètre et réfrigérer 2 heures.

COUPER des rondelles de pâte de ½ po (1 cm) d'épaisseur et cuire au four 20 minutes à 250 °F (120 °C).

BAKLAVAS AUX PISTACHES

18 BAKLAVAS / CUISSON : 50 MIN

1 ¼ TASSE	SUCRE	310 ML
½ TASSE	MIEL	125 ML
	LE JUS DE 1 CITRON	
½ C. À THÉ	CANNELLE MOULUE	2 ML
½ C. À THÉ	POUDRE D'ANIS	2 ML
½ C. À THÉ	MUSCADE MOULUE	2 ML
2 ½ TASSES	EAU	625 ML
³/₄ TASSE	PISTACHES HACHÉES	180 ML
½ TASSE	NOISETTES HACHÉES	125 ML
¼ TASSE	AMANDES HACHÉES	60 ML
24	FEUILLES DE PÂTE PHYLLO	24
	BEURRE FONDU, POUR BADIGEONNER LA PÂTE	

MÉLANGER le sucre, le miel, le jus de citron et les épices dans une casserole. Ajouter l'eau, porter à ébullition et cuire 15 minutes à feu moyen. Laisser refroidir, verser dans un bol et incorporer les noix.

SUPERPOSER deux feuilles de pâte phyllo dans un plat rectangulaire et profond légèrement beurré. Badigeonner de beurre fondu, ajouter deux feuilles de pâte, puis y étendre environ le cinquième de la préparation aux noix. Répéter jusqu'à épuisement des ingrédients en terminant par un étage de pâte généreusement badigeonnée de beurre fondu.

À L'AIDE d'un couteau bien tranchant, couper des carrés de 2 po (5 cm). Cuire au four à 350 °F (180 °C) 35 minutes ou jusqu'à ce que la pâte soit dorée.

FRITTATA ESPAGNOLE

4 PORTIONS / CUISSON : 25 À 30 MIN

2 C. À THÉ	HUILE D'OLIVE	10 ML
1	OIGNON TRANCHÉ FINEMENT	1
1	POMME DE TERRE TRANCHÉE FINEMENT	1
4 OZ	CHORIZO TRANCHÉ FINEMENT	125 G
1	GOUSSE D'AIL ÉMINCÉE	1
6	ŒUFS	6
1/2 C. À THÉ	THYM FRAIS, HACHÉ	2 ML
	SEL ET POIVRE	

CHAUFFER l'huile dans une poêle allant au four, puis ajouter l'oignon, la pomme de terre et le chorizo. Faire revenir à feu doux jusqu'à ce que la pomme de terre soit tendre. Ajouter l'ail, puis augmenter le feu afin de caraméliser la pomme de terre. Jeter l'excédent de gras et réserver.

BATTRE les œufs dans un bol, ajouter le thym, saler et poivrer. Incorporer délicatement la préparation de pomme de terre et remettre dans la poêle.

CUIRE 3 ou 4 minutes à feu doux, puis poursuivre la cuisson au four à 350 °F (180 °C) 10 minutes ou jusqu'à ce que le dessus de la frittata soit ferme. Servir aussitôt avec une salade citronnée.

GRATIN D'ŒUFS AU CHEDDAR ET AUX ÉPINARDS

4 PORTIONS / CUISSON : 15 MIN

8	ŒUFS DURS ÉCALÉS	8
1 C. À SOUPE	BEURRE DOUX	15 ML
2 C. À SOUPE	FARINE	30 ML
2 TASSES	LAIT	500 ML
1/2 C. À THÉ	MUSCADE MOULUE	2 ML
	SEL ET POIVRE	
1	BOUQUET D'ESTRAGON CISELÉ	1
1 LB	JEUNES FEUILLES D'ÉPINARDS	500 G
1/2 TASSE	CHEDDAR RÂPÉ	125 ML

COUPER les œufs en deux sur la longueur. Retirer délicatement les jaunes, les écraser à la fourchette dans un bol et réserver. Réserver également les blancs sans les briser.

FAIRE mousser le beurre dans une casserole. Incorporer la farine et cuire 30 secondes. Ajouter le lait et la muscade en fouettant jusqu'à l'obtention d'une sauce onctueuse, saler et poivrer. Ajouter l'estragon et les épinards, cuire encore 1 minute, puis incorporer le fromage.

MÉLANGER quelques cuillerées de cette sauce aux jaunes d'œufs afin d'obtenir une préparation épaisse. En remplir les moitiés de blancs et les déposer dans un plat beurré allant au four. Napper du reste de la sauce et cuire 10 minutes à 300 °F (150 °C). Servir chaud.

ŒUFS À LA TOMATE ET AUX HERBES FINES

4 PORTIONS / CUISSON : 30 MIN

8	ŒUFS	8
1 C. À SOUPE	HUILE D'OLIVE	15 ML
4	PETITS OIGNONS, ÉMINCÉS	4
2	GOUSSES D'AIL HACHÉES FINEMENT	2
4	TOMATES ÉMONDÉES (voir méthode, p. 181) ET ÉPÉPINÉES, EN CUBES	4
2 C. À SOUPE	BASILIC FRAIS, HACHÉ	30 ML
1 C. À SOUPE	ORIGAN FRAIS, HACHÉ	15 ML
	SEL ET POIVRE	
1/4 TASSE	PARMESAN RÂPÉ	60 ML

SÉPARER délicatement les jaunes et les blancs d'œufs en prenant soin de ne pas crever les jaunes. Réserver.

CHAUFFER l'huile dans une casserole à fond épais. Faire suer les oignons et l'ail à feu doux sans coloration pendant 2 minutes. Ajouter les tomates et les herbes, couvrir et poursuivre la cuisson 20 minutes en remuant de temps à autre.

RETIRER du feu et incorporer énergiquement les blancs d'œufs. Saler et poivrer. Répartir cette préparation dans huit petits ramequins, déposer délicatement un jaune d'œuf sur le dessus de chacun et saupoudrer de parmesan. Cuire au four 4 minutes à 375 °F (190 °C).

< ŒUFS ET BOCCONCINI FAÇON PIZZA

4 PORTIONS / CUISSON : 15 MIN

1 TASSE	COULIS DE TOMATES	250 ML
	(voir recette, p. 181)	
1 C. À SOUPE	ORIGAN FRAIS, HACHÉ	15 ML
2	TRANCHES DE JAMBON BLANC EN LANIÈRES	2
2	PETITES TRANCHES DE PROSCIUTTO, EN LANIÈRES	2
4	BOULES DE BOCCONCINI TRANCHÉES	4
8	FEUILLES DE BASILIC	8
1/3 TASSE	MOZZARELLA RÂPÉE	80 ML
4	ŒUFS	4
	SEL ET POIVRE	

VERSER le coulis dans un plat allant au four. Ajouter l'origan, le jambon, le prosciutto, le bocconcini, le basilic et la mozzarella. Casser les œufs un à un dans le plat en prenant soin de ne pas crever les jaunes. Saler et poivrer. Cuire au four 15 minutes à 375 °F (190 °C).

COCOTTE D'ŒUFS AU VIN ROUGE

4 PORTIONS / CUISSON : 25 MIN

1	OIGNON HACHÉ	1
24	PETITS OIGNONS BLANCS (OIGNONS PERLÉS)	24
8 OZ	BACON FUMÉ ÉMINCÉ	250 G
1	GOUSSE D'AIL HACHÉE	1
1	BRANCHE DE ROMARIN HACHÉE	1
2 C. À SOUPE	FARINE	30 ML
1 TASSE	BOUILLON DE VOLAILLE	250 ML
1/2 TASSE	VIN ROUGE DE QUALITÉ	125 ML
	SEL ET POIVRE	
8	ŒUFS	8

METTRE les oignons et le bacon dans une poêle, puis rôtir 8 minutes à feu doux. Ajouter l'ail et le romarin, et poursuivre la cuisson 2 minutes. Jeter le gras de cuisson.

SAUPOUDRER de farine, remuer et augmenter le feu. Cuire encore 30 secondes, puis verser le bouillon et le vin. Porter à ébullition, réduire le feu et laisser mijoter doucement 10 minutes, jusqu'à ce que la sauce soit onctueuse. Saler et poivrer.

CASSER un à un les œufs dans la poêle. Poursuivre la cuisson de 3 à 4 minutes en arrosant de temps à autre les jaunes de sauce.

COMMENTAIRE Servir accompagné de pain de campagne grillé et de purée de pommes de terre.

VINAIGRETTE CÉSAR

DONNE 1 ½ TASSE (375 ML)

4	GOUSSES D'AIL COUPÉES EN DEUX ET DÉGERMÉES	4
2	JAUNES D'ŒUFS	2
1 C. À SOUPE	MOUTARDE DE DIJON	15 ML
2	FILETS D'ANCHOIS HACHÉS FINEMENT	2
2 C. À SOUPE	PARMESAN RÂPÉ	30 ML
1 C. À SOUPE	CÂPRES HACHÉES	15 ML
1 C. À SOUPE	HERBES DE PROVENCE	15 ML
1 TASSE	HUILE D'OLIVE	250 ML
	LE JUS DE ½ CITRON	
1 C. À THÉ	VINAIGRE DE VIN ROUGE	5 ML
1 ½ C. À THÉ	SAUCE WORCESTERSHIRE	7 ML
	SEL ET POIVRE	

MÉTHODE TRADITIONNELLE
FROTTER un saladier en bois avec les gousses d'ail. Réduire celles-ci en purée, puis les mettre dans le saladier avec les jaunes d'œufs et la moutarde ; fouetter énergiquement. Ajouter les anchois, le parmesan, les câpres et les herbes. Tout en fouettant, verser l'huile en filet. Incorporer le jus de citron, le vinaigre et la sauce Worcestershire, saler et poivrer.

MÉTHODE SIMPLIFIÉE
MÉLANGER tous les ingrédients au robot, sauf l'huile. La verser ensuite en filet tout en mélangeant.

AÏOLI AU SAFRAN

DONNE 2 TASSES (500 ML) / INFUSION : 10 MIN

10	PISTILS DE SAFRAN	10
2 C. À SOUPE	EAU CHAUDE	30 ML
6	GOUSSES D'AIL DÉGERMÉES ET RÉDUITES EN PURÉE	6
1 ½ C. À THÉ	MOUTARDE DE DIJON	7 ML
2	JAUNES D'ŒUFS	2
2 TASSES	HUILE D'OLIVE	500 ML
1 C. À THÉ	JUS DE CITRON (OU AU GOÛT)	5 ML
	SEL	

INFUSER le safran dans l'eau chaude 10 minutes.
FOUETTER énergiquement l'ail, la moutarde et les jaunes d'œufs dans un bol. Sans cesser de fouetter, incorporer l'huile en filet, puis l'eau safranée refroidie (la consistance doit être onctueuse). Ajouter le jus de citron, saler au goût et servir.
COMMENTAIRE Parfait avec le poisson, dans la bouillabaisse, etc.

OMELETTE SOUFFLÉE AU FROMAGE SUISSE ET À LA CIBOULETTE

4 PORTIONS / CUISSON : 12 MIN

6	ŒUFS, BLANCS ET JAUNES SÉPARÉS	6
1/3 TASSE	FROMAGE SUISSE RÂPÉ	80 ML
1	PETIT BOUQUET DE CIBOULETTE, CISELÉ	1
	SEL ET POIVRE	

BATTRE les blancs d'œufs en neige ferme et réserver.

MÉLANGER les jaunes d'œufs, le fromage et la ciboulette dans un bol. Saler et poivrer. Incorporer délicatement les blancs à l'aide d'une spatule, puis mettre dans un moule carré de 12 po (30 cm) beurré. Cuire au four 12 minutes à 400 °F (200 °C) et servir aussitôt.

CANNELON D'ŒUFS AU SAUMON FUMÉ

4 PORTIONS / CONGÉLATION : 15 MIN

4	ŒUFS DURS ÉCALÉS	4
1 C. À SOUPE	MAYONNAISE	15 ML
2 C. À SOUPE	CIBOULETTE FRAÎCHE, HACHÉE	30 ML
	LE JUS DE 1/2 CITRON	
	SEL ET POIVRE	
4	GRANDES TRANCHES DE SAUMON FUMÉ	4

COMBINER les œufs, la mayonnaise, la ciboulette et le jus de citron au mélangeur de façon à obtenir une mousseline homogène. Saler et poivrer.

ÉTENDRE une pellicule de plastique sur le plan de travail et y disposer côte à côte les tranches de saumon fumé en superposant légèrement les bords de façon à former un rectangle. Déposer la mousseline sur le bord étroit du rectangle et, à l'aide de la pellicule de plastique, façonner en rouleau en serrant légèrement. Mettre 15 minutes au congélateur.

COUPER le cannelon en quatre tronçons, puis servir avec du pain grillé et une vinaigrette acidulée.

ŒUFS À LA RUSSE

4 PORTIONS / CUISSON : 20 MIN

2 TASSES	CRÈME À 35 %	500 ML
1/4 TASSE	VODKA	60 ML
	SEL ET POIVRE	
2 C. À SOUPE	CIBOULETTE FRAÎCHE, CISELÉE	30 ML
8	ŒUFS	8

VERSER la crème et la vodka dans une casserole et laisser réduire de moitié à feu doux. Saler, poivrer et ajouter la ciboulette.

CASSER les œufs dans huit petits ramequins, puis y séparer la préparation de crème. Cuire sous le gril du four environ 5 minutes ou jusqu'à légère coloration et servir aussitôt.

COMMENTAIRE Si désiré, accompagner de mouillettes de saumon fumé, de caviar, etc.

SOUFFLÉS AU PARMESAN

4 PORTIONS / CUISSON : 30 MIN

2 C. À SOUPE	BEURRE	30 ML
2 C. À SOUPE	FARINE	30 ML
4/5 TASSE	LAIT	200 ML
4/5 TASSE	EAU	200 ML
1/4 TASSE	PARMESAN RÂPÉ	60 ML
4	JAUNES D'ŒUFS	4
	SEL ET POIVRE	
	MUSCADE, AU GOÛT	
3	BLANCS D'ŒUFS	3

CHAUFFER le beurre dans une casserole. Incorporer parfaitement la farine, puis ajouter le lait et l'eau. Cuire de 4 à 5 minutes à feu doux sans cesser de remuer. Ajouter le parmesan, mélanger énergiquement et incorporer les jaunes d'œufs. Saler, poivrer et ajouter la muscade. Retirer du feu.
MONTER les blancs d'œufs en neige ferme et les ajouter délicatement à la préparation. Rectifier l'assaisonnement au besoin.
SÉPARER dans quatre ramequins de 3 po (7 cm) de diamètre légè-rement beurrés et cuire au four 20 minutes à 375 °F (190 °C). Servir aussitôt.

TUILES DE PARMESAN

4 PORTIONS / CUISSON : 5 MIN

RÂPER un morceau de parmesan de 8 oz (250 g). Former des disques très minces (taille au choix) sur une plaque anti-adhésive. Cuire au four à 350 °F (180 °C) environ 5 minutes ou jusqu'à ce que le fromage soit très légèrement doré. Attendre quelques minutes avant de décoller les tuiles avec une spatule, puis les mettre sur un rouleau à pâtisserie pour leur donner une forme arrondie.

SAUCE AU PARMESAN

DONNE 1 1/2 TASSE (375 ML)
CUISSON : 15 MIN

1 TASSE	BOUILLON DE LÉGUMES	250 ML
1/4 TASSE	CRÈME À 35 %	60 ML
7 OZ	PARMESAN RÂPÉ	200 G
1 C. À SOUPE	ORIGAN FRAIS, HACHÉ (FACULTATIF)	15 ML
	POIVRE DU MOULIN	

PORTER le bouillon à ébullition dans une casserole. Incorporer la crème et le parmesan au fouet puis, sans cesser de mélanger, laisser réduire jusqu'à consistance onctueuse. Ajouter l'origan, si désiré, poivrer et servir aussitôt.
COMMENTAIRE Parfait avec les viandes blanches.

MOUSSELINE DE CÉLERI-RAVE ET DE PARMESAN

4 PORTIONS / CUISSON : 30 MIN

3 TASSES	CÉLERI-RAVE EN GROS CUBES	750 ML
2 C. À SOUPE	HUILE D'OLIVE	30 ML
3 C. À SOUPE	LAIT CHAUD	45 ML
	SEL ET POIVRE NOIR CONCASSÉ	
6 OZ	PARMESAN RÂPÉ	180 G
3 C. À SOUPE	BEURRE	45 ML

CUIRE le céleri-rave à l'eau bouillante légèrement salée jusqu'à ce qu'il soit tendre. Égoutter et poursuivre la cuisson au four 15 minutes à 350 °F (180 °C).
AJOUTER l'huile et le lait, saler et poivrer, puis réduire en purée. Incorporer le parmesan et le beurre; rectifier l'assaisonnement au besoin.
COMMENTAIRE Parfait avec les viandes rouges.

CANNELLONIS D'AUBERGINES AU PARMESAN

4 PORTIONS / CUISSON : 1 H 10 MIN
REPOS : 2 H

3	GROSSES AUBERGINES	3
3 C. À SOUPE	HUILE D'OLIVE	45 ML
10 OZ	PARMESAN RÂPÉ	300 G
	SEL ET POIVRE	
2 TASSES	COULIS DE TOMATES	500 ML
	(voir recette, p. 181)	

PIQUER deux aubergines avec une fourchette, les mettre sur une plaque de cuisson et les cuire au four de 30 à 40 minutes à 350 °F (180 °C). Au robot, réduire la chair en purée avec l'huile et les deux tiers du parmesan. Saler, poivrer et laisser refroidir.

COUPER la dernière aubergine sur la longueur en tranches fines. Saler généreusement, déposer sur une plaque recouverte d'essuie-tout et laisser reposer 2 heures à la température ambiante.

RINCER légèrement les tranches d'aubergine et éponger. Couvrir de purée et rouler en serrant. Déposer ces cannellonis dans un plat allant au four, napper de coulis et saupoudrer du reste de parmesan. Cuire 30 minutes à 300 °F (150 °C).

SALADE D'ENDIVES ROUGES GRILLÉES

4 PORTIONS / REPOS : 30 MIN
CUISSON : 10 MIN

4	ENDIVES ROUGES COUPÉES EN DEUX SUR LA LONGUEUR	4
3 C. À SOUPE	HUILE D'OLIVE	45 ML
	LE JUS DE 1 CITRON	
	SEL ET POIVRE	
2 C. À SOUPE	BASILIC FRAIS, HACHÉ	30 ML
2 C. À SOUPE	ORIGAN FRAIS, HACHÉ	30 ML
1/4 TASSE	VINAIGRE BALSAMIQUE DE QUALITÉ	60 ML
7 OZ	PARMESAN EN COPEAUX	200 G

METTRE les endives sur une plaque de cuisson, le côté coupé sur le dessus. Badigeonner d'huile et arroser de jus de citron. Saler, poivrer et laisser reposer 30 minutes à la température ambiante.

GRILLER 10 minutes sur le barbecue à température moyenne-élevée, le côté badigeonné sur le dessus. Laisser refroidir, puis mettre dans un saladier.

MÉLANGER les herbes et le vinaigre dans un petit bol, puis verser sur les endives. Garnir de copeaux de parmesan et arroser de quelques gouttes d'huile d'olive supplémentaire.

GOUGÈRES AU PARMESAN

15 À 18 GOUGÈRES / CUISSON : 35 MIN

PÂTE À CHOUX		
3/4 TASSE	EAU	180 ML
1/4 TASSE	BEURRE	60 ML
1	PINCÉE DE SEL	1
2/3 TASSE	FARINE	160 ML
3	ŒUFS	3

GARNITURE		
4 OZ	PARMESAN RÂPÉ	125 G
	POIVRE	
1	JAUNE D'ŒUF	1
1 C. À SOUPE	EAU	15 ML

POUR préparer la pâte à choux, porter l'eau à ébullition dans une casserole avec le beurre et le sel. Retirer du feu et incorporer la farine en remuant énergiquement. Remettre la casserole sur la cuisinière et, à feu doux, mélanger jusqu'à ce que la pâte se détache des parois, puis incorporer parfaitement les œufs un à un.

AJOUTER le parmesan, poivrer, retirer du feu et laisser tiédir.

À LA CUILLÈRE, façonner de petites boules de pâte et les espacer sur une plaque de cuisson antiadhésive légèrement huilée. Badigeonner de jaune d'œuf délayé dans l'eau et cuire au four de 20 à 25 minutes à 400 °F (200 °C).

ONCTUEUX
DE PARMESAN

4 PORTIONS / CUISSON : 10 MIN
RÉFRIGÉRATION : 4 H

1 1/2 TASSE	CRÈME À 35 %	375 ML
10 OZ	PARMESAN RÂPÉ	300 G
	POIVRE	

CHAUFFER la crème dans une petite casserole sans faire bouillir. Incorporer le parmesan et laisser cuire 4 ou 5 minutes sans davantage laisser bouillir. Poivrer, verser dans quatre petits bols et réfrigérer 4 heures.

ORRECHIETTE

4 PORTIONS / TREMPAGE : 10 MIN
SÉCHAGE : 3 H / CUISSON : 5 À 10 MIN

6	PISTILS DE SAFRAN	6
1 ¼ TASSE	EAU (DE SOURCE, IDÉALEMENT)	310 ML
2 ½ TASSES	SEMOULE DE BLÉ DUR FINE	625 ML
1	PINCÉE DE SEL	1

FAIRE tremper le safran 10 minutes dans l'eau, puis verser sur la semoule. Ajouter le sel et bien pétrir jusqu'à ce que la pâte soit assez ferme. Façonner en boudins de 1 po (2 cm) de diamètre sur une planche saupoudrée de farine, couper en petits dés et aplatir avec le pouce pour former des coquilles. Laisser sécher 3 heures à la température ambiante, puis cuire comme les gnocchis.

GNOCCHIS

4 PORTIONS / CUISSON : 40 MIN

2 LB	POMMES DE TERRE	1 KG
	FARINE TOUT USAGE EN QUANTITÉ SUFFISANTE	
1 OU 2	ŒUFS	1 OU 2
⅔ TASSE	PARMESAN RÂPÉ	160 ML
	ZESTE DE CITRON RÂPÉ, AU GOÛT	
	SEL ET POIVRE	

CUIRE les pommes de terre avec la pelure à l'eau bouillante légèrement salée jusqu'à ce qu'elles soient tendres. Éplucher, réduire en purée à l'aide d'un tamis ou d'un moulin à légumes, puis sécher au four 20 minutes à 350 °F (180 °C).

PESER la purée et y ajouter 30 % de son poids en farine. Combiner avec les doigts sans trop pétrir. Incorporer un œuf, puis le second si nécessaire selon la souplesse de la pâte. Ajouter le zeste de citron, saler et poivrer.

FAÇONNER la pâte en boudins de ½ po (1 cm) de diamètre sur une planche saupoudrée de farine et couper en dés. Plonger les gnocchis dans de l'eau bouillante salée et cuire jusqu'à ce qu'ils remontent à la surface. Bien éponger.

PÂTE À PÂTES

DONNE 2 TASSES (500 ML)
RÉFRIGÉRATION : 2 H

1 ¼ TASSE	FARINE TOUT USAGE	310 ML
3	GROS ŒUFS	3
1 C. À THÉ	SEL	5 ML

FAIRE une fontaine dans un bol avec la farine, puis mettre les œufs et le sel au centre. Mélanger graduellement jusqu'à ce que la pâte soit homogène (un peu d'eau tiède peut être nécessaire pour assouplir la pâte). Bien pétrir et laisser reposer au moins 2 heures au réfrigérateur.

PÂTE ROUGE

AJOUTER 3 c. à soupe (45 ml) de pâte de tomates en même temps que les œufs. Ou encore, extraire 1 ¼ tasse (310 ml) de jus de betterave à la centrifugeuse et faire réduire à ⅓ tasse (80 ml). Incorporer en même temps que les œufs (retirer un œuf de la recette de base).

PÂTE VERTE

PROCÉDER comme pour le jus de betterave en ajoutant plutôt ⅓ tasse (80 ml) de jus d'herbes fraîches (au choix), mais sans faire réduire. Retirer également un œuf de la recette de base.

PÂTE JAUNE

UTILISER à parts égales de la farine blanche et de la semoule de blé dur. Faire tremper une dizaine de pistils de safran 10 minutes dans 2 c. à soupe (30 ml) d'eau, puis ajouter en même temps que les œufs.

PÂTE AUX CHAMPIGNONS

AU robot, réduire en poudre des champignons séchés de façon à obtenir ¼ tasse (60 ml) et les ajouter à la farine.

PÂTE NOIRE

AJOUTER 2 c. à soupe (30 ml) d'encre de seiche en même temps que les œufs.

PÂTE AU CHOCOLAT

REMPLACER ¼ tasse (60 ml) de farine par la même quantité de cacao.

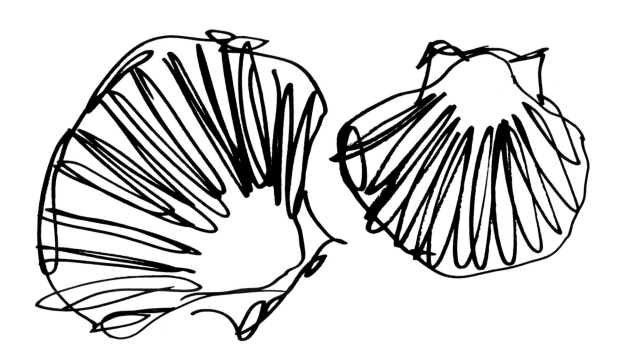

CARPACCIO DE PÉTONCLES À L'INFUSION DE CITRONNELLE

4 PORTIONS / CUISSON : 5 MIN
RÉFRIGÉRATION : 4 H

½ TASSE	EAU	125 ML
1	TIGE DE CITRONNELLE EN MORCEAUX	1
1	BON MORCEAU DE GINGEMBRE	1
	LE JUS DE 1 LIME	
16	PÉTONCLES DE CALIBRE U-10	16
¼ TASSE	HUILE D'OLIVE (PAS TROP AROMATIQUE)	60 ML
	SEL ET POIVRE	
1 C. À THÉ	MIEL	5 ML

PORTER l'eau à ébullition dans une casserole avec la citronnelle et le gingembre; retirer du feu et laisser infuser 5 minutes. Ajouter le jus de lime, filtrer et laisser tiédir.

ENLEVER et jeter le petit muscle attaché aux pétoncles. Mettre ceux-ci dans l'infusion refroidie, puis ajouter l'huile. Couvrir et laisser mariner 4 heures au réfrigérateur.

RETIRER les pétoncles de l'infusion (réserver celle-ci), éponger et tailler en rondelles fines.

FAIRE réduire l'infusion à feu doux. Saler, poivrer et ajouter le miel. Laisser refroidir et en napper légèrement les pétoncles froids.

CEVICHE DE PÉTONCLES MINUTE

4 PORTIONS / RÉFRIGÉRATION : 20 MIN

12	PÉTONCLES DE CALIBRE U-10	12
	LE JUS DE 1 LIME	
	LE JUS DE 1 CITRON	
1 C. À SOUPE	CORIANDRE FRAÎCHE, HACHÉE	15 ML
1	ÉCHALOTE SÈCHE ÉMINCÉE FINEMENT	1
3 C. À SOUPE	HUILE D'OLIVE	45 ML
12	GOUTTES DE TABASCO	12
	SEL ET POIVRE	

ENLEVER et jeter le petit muscle attaché aux pétoncles. Couper ceux-ci en trois sur l'épaisseur et les déposer dans un plat.

MÉLANGER le reste des ingrédients. Saler, poivrer et verser la préparation sur les pétoncles. Couvrir et laisser mariner environ 20 minutes au réfrigérateur. Égoutter avant de servir.

TARTARE DE PÉTONCLES AU PAMPLEMOUSSE

4 PORTIONS / RÉFRIGÉRATION : 45 MIN

2	PAMPLEMOUSSES ROSES AVEC LA PELURE	2
2 C. À SOUPE	GINGEMBRE FRAIS, HACHÉ	30 ML
⅖ TASSE	HUILE D'OLIVE VIERGE EXTRA	100 ML
1	OIGNON VERT ÉMINCÉ FINEMENT	1
½ C. À THÉ	SAMBAL ŒLEK (PÂTE DE PIMENT ASIATIQUE)	2 ML
	SEL ET POIVRE	
13 OZ	PÉTONCLES FRAIS DE CALIBRE U-10 OU U-20	400 G
	FLEUR DE SEL	

PELER les pamplemousses à vif et lever les suprêmes au-dessus d'un bol pour récupérer le jus. Couper les suprêmes en petits dés et réserver dans un autre bol.

COMBINER le jus des pamplemousses avec le gingembre, l'huile, l'oignon vert et le sambal œlek de façon à obtenir une vinaigrette; saler et poivrer.

ENLEVER et jeter le petit muscle attaché aux pétoncles. Hacher finement ceux-ci et les ajouter aux dés de pamplemousses. Verser peu à peu la vinaigrette et mélanger délicatement à la cuillère. Mettre au réfrigérateur au moins 45 minutes. Servir parsemé de fleur de sel.

PÉTONCLES ET COMPOTE DE TOMATES À LA VANILLE

4 PORTIONS / CUISSON : 15 MIN

2 C. À SOUPE	BEURRE	30 ML
1 C. À SOUPE	CASSONADE	15 ML
1	ÉCHALOTE SÈCHE HACHÉE	1
1	GOUSSE DE VANILLE FENDUE EN DEUX SUR LA LONGUEUR	1
3	GROSSES TOMATES FERMES ÉMONDÉES (voir méthode, p. 181), HACHÉES	3
1	BRANCHE DE THYM	1
¼ TASSE	MUSCAT (VIN DOUX)	60 ML
	SEL ET POIVRE	
12	PÉTONCLES DE CALIBRE U-10 OU U-12	12

CHAUFFER le beurre et la cassonade à feu doux dans une casserole. Ajouter l'échalote, la vanille et les tomates, puis mouiller à hauteur avec de l'eau. Ajouter le thym et le muscat; saler et poivrer. Laisser mijoter à feu doux jusqu'à complète évaporation du liquide. Retirer la gousse de vanille et écraser les tomates à la fourchette.

ENLEVER et jeter le petit muscle attaché aux pétoncles. Ajouter ceux-ci au contenu de la casserole, couvrir et cuire 2 minutes à feu doux. Retirer du feu et laisser reposer 2 minutes dans la casserole avant de servir.

PÉTONCLES FARCIS À LA MOUSSELINE DE FENOUIL

4 PORTIONS / CONGÉLATION : 30 MIN CUISSON : 20 MIN

12	PÉTONCLES DE CALIBRE U-8	12
1 C. À SOUPE	BEURRE	15 ML
1	BULBE DE FENOUIL HACHÉ FINEMENT	1
2 C. À THÉ	ÉCHALOTE SÈCHE ÉMINCÉE	10 ML
3 C. À SOUPE	VIN BLANC	45 ML
⅖ TASSE	BOUILLON DE LÉGUMES	100 ML
1	BLANC D'ŒUF	1
⅗ TASSE	CRÈME À 35 %	150 ML
1	BOUQUET DE CERFEUIL	1
	SEL ET POIVRE	

ENLEVER et jeter le petit muscle attaché aux pétoncles. Raffermir ceux-ci 30 minutes au congélateur. Retirer le centre avec une cuillère à pommes parisienne et réserver le tout séparément.

CHAUFFER le beurre dans une casserole. Ajouter le fenouil, l'échalote, le vin et le bouillon. Couvrir et laisser mijoter à feu doux jusqu'à évaporation du liquide.

METTRE le contenu de la casserole dans le récipient du robot et actionner à haute vitesse. Toujours au robot, incorporer le blanc d'œuf, la crème, le cerfeuil et le centre des pétoncles; saler et poivrer.

FARCIR les pétoncles de la préparation et les déposer dans un plat badigeonné de beurre et d'huile d'olive. Cuire au four 10 minutes à 375 °F (190 °C). Servir aussitôt.

132

PÉTONCLES RÔTIS, ROQUETTE SAUTÉE ET PROSCIUTTO

4 PORTIONS / CUISSON : 10 MIN

I C. À SOUPE	HUILE D'OLIVE (ENVIRON)	15 ML
5 OZ	MINI-ROQUETTE	150 G
4	TRANCHES FINES DE PROSCIUTTO	4
12	PÉTONCLES DE CALIBRE U-10 OU U-15	12
4	TRANCHES FINES DE PROVOLONE	4
	JUS DE CITRON (FACULTATIF)	

CHAUFFER l'huile dans une poêle et faire sauter la roquette 15 secondes ; réserver dans un bol.

AJOUTER un filet d'huile dans la poêle, si désiré, et y passer le prosciutto à feu vif quelques secondes ; le retirer et l'éponger.

ENLEVER et jeter le petit muscle attaché aux pétoncles. Mettre ceux-ci dans la poêle et les colorer à feu vif 2 minutes. Ajouter la roquette et poursuivre la cuisson 30 secondes.

DRESSER aussitôt les pétoncles dans des assiettes et garnir de roquette, de prosciutto et de provolone. Si désiré, ajouter un filet de jus de citron et d'huile d'olive.

PÉTONCLES EN CROÛTE DE POLENTA ET PURÉE DE PETITS POIS

4 PORTIONS / CUISSON : 20 MIN

I ¼ TASSE	PETITS POIS FRAIS	310 ML
I C. À SOUPE	RAIFORT PRÉPARÉ	15 ML
	LE JUS DE ½ CITRON	
	SEL ET POIVRE	
4	PÉTONCLES DE CALIBRE U-8 OU U-10	4
I	BLANC D'ŒUF LÉGÈREMENT BATTU	I
¼ TASSE	POLENTA FINE INSTANTANÉE	60 ML
3 C. À SOUPE	HUILE D'OLIVE	45 ML
I	NOIX DE BEURRE	I

CUIRE les pois à l'eau bouillante, refroidir à l'eau glacée et égoutter. Réduire en purée au robot avec le raifort et le jus de citron. Saler, poivrer, passer au tamis et réserver.

ENLEVER et jeter le petit muscle attaché aux pétoncles. Saler et poivrer ceux-ci, les rouler dans le blanc d'œuf, puis dans la polenta ; tapoter pour enlever l'excédent. Chauffer l'huile dans une poêle et cuire les pétoncles 2 minutes de chaque côté (la polenta doit prendre une couleur dorée).

CHAUFFER le beurre doucement dans une casserole avec la purée de pois. Déposer les pétoncles dans des assiettes individuelles sur un lit de purée.

PÉTONCLES BBQ

4 PORTIONS / REPOS : 30 MIN
CUISSON : 2 MIN

24	PÉTONCLES DE CALIBRE U-20	24
I C. À SOUPE	PAPRIKA	15 ML
I C. À SOUPE	GINGEMBRE MOULU	15 ML
I C. À SOUPE	POUDRE D'AIL	15 ML
I C. À SOUPE	POUDRE D'OIGNON	15 ML
I C. À SOUPE	CASSONADE	15 ML
	SEL ET POIVRE	

ENLEVER et jeter le petit muscle attaché aux pétoncles. Éponger ceux-ci et réserver.

MÉLANGER le reste des ingrédients dans un petit bol ; saler, poivrer et y rouler les pétoncles en pressant légèrement. Laisser reposer 30 minutes à la température ambiante.

GRILLER les pétoncles 1 minute de chaque côté sur le barbecue (ou poêler à l'huile d'olive). Servir avec des quartiers de lime ou de citron et une belle salade de saison.

SOUPE DE PÉTONCLES AU LAIT DE COCO

4 PORTIONS / CUISSON : 20 MIN

SOUPE

2 TASSES	LAIT DE COCO	500 ML
4/5 TASSE	BOUILLON DE VOLAILLE	200 ML
1/2	TIGE DE CITRONNELLE	1/2
1	FEUILLE DE CITRONNIER	1
	(OU REMPLACER PAR	
	1/2 TIGE DE CITRONNELLE)	
1 C. À SOUPE	GINGEMBRE FRAIS, RÂPÉ	15 ML
1 C. À THÉ	PÂTE DE TOMATES	5 ML

GARNITURE

1/4 TASSE	SHIITAKES ÉMINCÉS	60 ML
20	PÉTONCLES	20
	DE CALIBRE U-20	
1/4 TASSE	GERMES DE HARICOTS	60 ML
20	FEUILLES DE CORIANDRE	20
	SEL ET POIVRE	

METTRE tous les ingrédients de la soupe dans une casserole et porter à ébullition. Laisser réduire 15 minutes à feu doux. Filtrer, remettre dans la casserole et porter de nouveau à ébullition.

AJOUTER les shiitakes et poursuivre la cuisson 3 minutes à feu doux.

ENLEVER et jeter le petit muscle attaché aux pétoncles. Ajouter ceux-ci au contenu de la casserole avec les germes de haricots et la coriandre ; cuire encore 1 minute. Saler, poivrer et servir aussitôt.

PÉTONCLES BRÛLÉS, ÉPINARDS SAUTÉS ET VINAIGRETTE AUX TOMATES SÉCHÉES

4 PORTIONS / REPOS : 5 MIN / CUISSON : 5 MIN

6	TOMATES SÉCHÉES	6
1/4 TASSE	EAU BOUILLANTE	60 ML
1/3 TASSE	HUILE D'OLIVE	80 ML
1 C. À SOUPE	VINAIGRE BALSAMIQUE	15 ML
4	BRINS DE PERSIL	4
4	FEUILLES DE BASILIC	4
	SEL ET POIVRE	
	DU MOULIN	
1	NOIX DE BEURRE	1
1 C. À SOUPE	ÉCHALOTE SÈCHE HACHÉE	15 ML
1 C. À THÉ	AIL HACHÉ	5 ML
10 OZ	ÉPINARDS	300 G
4	PÉTONCLES	4
	DE CALIBRE U-10	
	FLEUR DE SEL	

FAIRE gonfler les tomates séchées 5 minutes dans l'eau bouillante. Égoutter, mettre dans un bol avec 3 c. à soupe (45 ml) d'huile, le vinaigre, le persil et le basilic ; saler et poivrer. Hacher grossièrement à l'aide d'un mélangeur à main et réserver.

CHAUFFER le reste de l'huile et le beurre dans une poêle. Faire suer l'échalote et l'ail 1 minute à feu doux. Ajouter les épinards et faire sauter 2 minutes à feu vif ; saler et poivrer. Éponger et disposer dans quatre assiettes à l'aide d'un emporte-pièce rond.

ENLEVER et jeter le petit muscle attaché aux pétoncles. Couper ceux-ci en tranches fines et les disposer en corolle sur les épinards. À l'aide d'une torche, brûler la surface des pétoncles (ou mettre les assiettes 2 minutes sous le gril du four). Assaisonner de poivre du moulin, de fleur de sel et de quelques gouttes de la vinaigrette aux tomates séchées.

POUR FAIRE RÔTIR LES POIVRONS, LES METTRE ENTIERS SUR UNE PLAQUE DE CUISSON ET LES CUIRE AU FOUR À 400 °F (200 °C) JUSQU'À CE QUE LA PELURE DEVIENNE NOIRE. À LA SORTIE DU FOUR, LES COUVRIR D'UNE PELLICULE DE PLASTIQUE ET LES LAISSER REFROIDIR, PUIS LES PELER (LA PELURE SE RETIRE FACILEMENT) ET LES ÉPÉPINER. ON PEUT ALORS LES ASSAISONNER AU GOÛT DE SEL, DE POIVRE OU DE VINAIGRETTE, OU SIMPLEMENT D'UNE HUILE D'OLIVE DE QUALITÉ.

TARTINADE DE POIVRONS

DONNE 2 ¼ TASSES (560 ML)
CUISSON : 20 MIN

3	GOUSSES D'AIL	3
2 C. À SOUPE	HUILE D'OLIVE	30 ML
1	OIGNON HACHÉ	1
1 LB	POIVRONS ROUGES RÔTIS (voir méthode ci-contre)	500 G
1 ¼ TASSE	POIS CHICHES CUITS	310 ML
1 C. À THÉ	ÉPICES MOULUES (CARI, CUMIN OU GARAM MASALA)	5 ML
	LE JUS DE 1 CITRON	
¼ TASSE	YOGOURT NATURE	60 ML
1 C. À THÉ	HUILE DE SÉSAME	5 ML

RÔTIR les gousses d'ail au four 15 minutes à 350 °F (180 °C).
CHAUFFER l'huile d'olive dans une poêle et y faire suer l'oignon et l'ail.
AU robot, réduire en purée lisse les poivrons rôtis, l'oignon, l'ail, les pois chiches, les épices et le jus de citron, puis incorporer le yogourt et l'huile de sésame.

PEPERONATA

DONNE 2 TASSES (500 ML) / CUISSON : 15 MIN

3 C. À SOUPE	HUILE D'OLIVE	45 ML
1	OIGNON ÉMINCÉ FINEMENT	1
10 À 12	POIVRONS ROUGES ET JAUNES RÔTIS (voir méthode ci-contre), EN MORCEAUX	10 À 12
5	TOMATES ÉMONDÉES (voir méthode, p.181) ET ÉPÉPINÉES, EN CUBES	5
	BASILIC FRAIS HACHÉ, AU GOÛT	
	SEL ET POIVRE	

CHAUFFER l'huile dans une casserole et y faire suer l'oignon doucement jusqu'à ce qu'il soit transparent, puis ajouter les poivrons et les tomates. Poursuivre la cuisson 10 minutes à feu doux. Incorporer le basilic, saler et poivrer.
COMMENTAIRE On peut ajouter des olives noires, de la courge rôtie, des fonds d'artichauts et des anchois dans la peperonata : tout est affaire de goût.

< NAPOLÉONS DE TOMATES, DE POIVRONS ET DE MOZZARELLA

4 PORTIONS / RÉFRIGÉRATION : 4 H

5	POIVRONS JAUNES RÔTIS (voir méthode, p. 137), EN MORCEAUX	5
5	TOMATES ROUGES RÔTIES, (voir recette, p. 183) EN MORCEAUX	5
2	BOULES DE MOZZARELLA DE BUFFLONNE (OU DE BOCCONCINI) TRANCHÉES	2
	BASILIC ET ORIGAN FRAIS, HACHÉS	
	SEL ET POIVRE	

TAPISSER le fond et les parois de quatre petits ramequins de poivrons, en les faisant déborder de manière à pouvoir les replier sur le dessus une fois les napoléons terminés. Superposer ensuite les tomates, la mozzarella et le reste des poivrons, en assaisonnant le tout des herbes, de sel et de poivre. Replier les poivrons sur le dessus.

ENVELOPPER les ramequins de pellicule de plastique et les mettre dans une grande assiette ou sur une plaque de cuisson. Couvrir d'une petite planche de bois surmontée de boîtes de conserve pour bien presser. Réfrigérer 4 heures et démouler.

SHOOTERS DE POIVRONS

4 PORTIONS

1	BRANCHE DE CÉLERI	1
1	CONCOMBRE	1
10	POIVRONS RÔTIS (voir méthode, p. 137)	10
3	TOMATES ÉMONDÉES (voir méthode, p. 181) ET ÉPÉPINÉES	3
8	FEUILLES DE CORIANDRE	8
	LE JUS DE 1 CITRON	
2 C. À SOUPE	VODKA (FACULTATIF)	30 ML
	SEL ET POIVRE	
1 C. À THÉ	VINAIGRE BALSAMIQUE	5 ML

PASSER le céleri à la centrifugeuse pour en extraire le jus, puis procéder de la même façon avec le concombre.

PASSER les poivrons rôtis au robot avec les jus de céleri et de concombre, les tomates, la coriandre, le jus de citron et la vodka, si désiré. Filtrer ce mélange au tamis fin, puis saler, poivrer et ajouter le vinaigre. Mélanger parfaitement et servir très frais.

VELOUTÉ DE POIVRONS

4 PORTIONS / CUISSON : 25 MIN

2 C. À SOUPE	BEURRE	30 ML
2	ÉCHALOTES SÈCHES HACHÉES	2
8	POIVRONS ROUGES EN MORCEAUX	8
4 TASSES	BOUILLON DE LÉGUMES	1 L
2	POMMES DE TERRE HACHÉES	2
8	PISTILS DE SAFRAN	8
1	PETIT BOUQUET DE CORIANDRE	1
	SEL ET POIVRE	
	LE JUS DE 1 LIME	

CHAUFFER le beurre dans une casserole, et faire suer les échalotes et les poivrons 3 minutes à feu doux. Ajouter le bouillon, les pommes de terre, le safran et la coriandre; saler, poivrer et cuire à feu moyen environ 20 minutes.

AJOUTER le jus de lime, puis réduire en purée au robot. Rectifier l'assaisonnement si nécessaire, filtrer et servir chaud.

SORBET AUX POIVRONS

4 PORTIONS / CUISSON : 6 MIN
CONGÉLATION : 10 À 12 H

4	POIVRONS ROUGES EN LANIÈRES	4
1/3 TASSE	CRÈME À 35 %	80 ML
2/5 TASSE	LAIT DE COCO	100 ML
	SEL ET POIVRE DU MOULIN	
2/5 TASSE	EAU	100 ML
2/5 TASSE	SUCRE	100 ML
	ESTRAGON FRAIS, AU GOÛT	

PASSER les poivrons au robot avec la crème et le lait de coco. Saler, poivrer et réserver dans le récipient.

PRÉPARER un sirop en faisant bouillir l'eau et le sucre 6 minutes dans une casserole. Verser dans le récipient du robot, ajouter l'estragon et actionner de nouveau quelques secondes. Filtrer, mettre dans une sorbetière et turbiner (ou mettre au congélateur dans un contenant bas et large ; laisser geler environ 2 heures et passer au robot en l'actionnant par à-coups pour briser tous les cristaux ; répéter l'opération deux fois. Remettre au congélateur de 6 à 8 h ou jusqu'à consistance d'un sorbet ferme).

TERRINES DE POIVRONS

4 PORTIONS / CUISSON : 5 MIN
REPOS : 15 MIN / RÉFRIGÉRATION : 8 À 12 H

5	POIVRONS ROUGES	5
	PIMENT D'ESPELETTE OU PIMENT DE CAYENNE, AU GOÛT	
	SEL ET POIVRE	
I C. À SOUPE	VINAIGRE BALSAMIQUE	15 ML
	BASILIC FRAIS, AU GOÛT	
2	SACHETS DE GÉLATINE (7 G CHACUN)	2
10	POIVRONS ROUGES ET JAUNES RÔTIS (voir méthode, p. 137) EN MORCEAUX, ÉPONGÉS	10

COUPER les cinq poivrons rouges en deux, les épépiner et les passer à la centrifugeuse pour en extraire le jus. Verser dans une casserole, puis assaisonner avec le piment d'Espelette, le sel et le poivre. Ajouter le vinaigre et le basilic. Porter à ébullition, retirer du feu et laisser reposer 15 minutes.

PASSER le liquide au chinois en étamine. Remettre à bouillir et ajouter la gélatine préalablement gonflée à l'eau froide. Remuer, retirer du feu et laisser tiédir en évitant toutefois de laisser refroidir complètement.

SUPERPOSER les poivrons rôtis dans quatre petits ramequins en alternant les couleurs. Ajouter le liquide refroidi et bien tapoter les ramequins pour qu'il se rende au fond. Laisser figer de 8 à 12 heures au réfrigérateur et démouler.

COMMENTAIRE On peut servir ces terrines avec une crème montée au fromage de chèvre.

POIVRONS FARCIS

4 PORTIONS / CUISSON : 50 MIN

4	GROS POIVRONS ROUGES	4
2 C. À SOUPE	BEURRE	30 ML
1	OIGNON HACHÉ FINEMENT	1
8 OZ	VEAU HACHÉ	250 G
	SEL ET POIVRE	
1/4 TASSE	RIZ BASMATI	60 ML
3 OZ	FROMAGE DE CHÈVRE	90 G
4/5 TASSE	BOUILLON DE LÉGUMES	200 ML
1	ŒUF	1
1/4 TASSE	HERBES FRAÎCHES (PERSIL, ORIGAN, BASILIC), HACHÉES	60 ML

COUPER le dessus des poivrons et retirer les graines. Réserver les deux parties.

CHAUFFER le beurre dans une poêle et faire blondir l'oignon 2 minutes. Ajouter le veau et poursuivre la cuisson 4 minutes. Saler, poivrer, égoutter et réserver dans un bol.

FAIRE rissoler le riz dans la même poêle. Ajouter la viande, le fromage et le bouillon. Hors du feu, incorporer l'œuf et les herbes.

FARCIR les poivrons et les coiffer du chapeau enlevé. Les mettre dans un plat allant au four, verser un peu d'eau dans le fond et cuire 40 minutes à 350 °F (180 °C).

MOUSSE LÉGÈRE DE POIVRONS

4 PORTIONS / CUISSON : 5 MIN
RÉFRIGÉRATION : 6 H

2	GROS POIVRONS ROUGES RÔTIS (voir méthode, p. 137)	2
1	SACHET DE GÉLATINE (7 G)	1
	BASILIC ET THYM FRAIS HACHÉS, AU GOÛT	
	SEL ET POIVRE	
2/5 TASSE	CRÈME À 35 %	100 ML

PASSER les poivrons au robot afin d'obtenir un coulis lisse, le verser dans une casserole et le chauffer à feu doux. Hors du feu, incorporer la gélatine préalablement gonflée à l'eau froide. Ajouter les herbes, saler, poivrer et mélanger énergiquement pour bien dissoudre la gélatine. Laisser refroidir.

FOUETTER la crème en pics fermes, l'incorporer au mélange de poivrons refroidi et verser la préparation dans des moules au choix. Réfrigérer 6 heures, puis démouler en trempant le fond des moules dans l'eau chaude. Servir avec un coulis de tomates (voir recette, p. 181).

TATIN DE POMMES GOLDEN

6 PORTIONS / CUISSON : 1 H

1	GOUSSE DE VANILLE	1
	FENDUE EN DEUX	
	SUR LA LONGUEUR	
	OU	
1 C. À THÉ	EXTRAIT DE VANILLE	5 ML
	LE JUS DE 1 CITRON	
6	POMMES GOLDEN PELÉES ET	6
	ÉPÉPINÉES, EN QUARTIERS	
½ TASSE	SUCRE	125 ML
²/₅ TASSE	BEURRE SALÉ	100 ML
4 OZ	PÂTE FEUILLETÉE	125 G

GRATTER l'intérieur de la gousse de vanille avec la lame d'un couteau pour en retirer les graines. Mélanger le jus de citron et les graines de vanille (ou l'extrait), y rouler les pommes et réserver celles-ci.

FONDRE le sucre petit à petit dans une casserole ; attendre que la quantité précédente commence à caraméliser avant d'en rajouter. Incorporer le beurre et, s'il y a lieu, l'excédent de jus de citron vanillé. Laisser caraméliser jusqu'à l'obtention d'une belle couleur brune.

VERSER le caramel dans un moule rond de 10 po (25 cm) de diamètre allant au four. Déposer les quartiers de pommes côte à côte, le côté arrondi vers l'extérieur du moule.

ABAISSER la pâte à ⅛ po (3 mm) d'épaisseur et y découper un cercle légèrement plus grand que le moule. Recouvrir les pommes en repliant le bord de la pâte à l'intérieur du moule. Pratiquer de petites incisions dans la pâte avec la pointe d'un couteau et cuire au four environ 40 minutes à 350 °F (180 °C).

CROUSTADE AUX POMMES ET AUX PACANES

6 PORTIONS / CUISSON : 30 MIN

²/₅ TASSE	PACANES GRILLÉES	100 ML
	CONCASSÉES	
10	POMMES GOLDEN PELÉES	10
	ET ÉPÉPINÉES, EN GROS DÉS	
¼ TASSE	SUCRE	60 ML
¼ TASSE	CASSONADE	60 ML
1 TASSE	MUESLI	250 ML
½ TASSE	BEURRE FONDU	125 ML

MÉLANGER les pacanes et les pommes, et les déposer dans un moule carré de 10 po (25 cm) allant au four, beurré. Saupoudrer de sucre et de cassonade.

COMBINER le muesli et le beurre fondu, et en recouvrir les pommes. Cuire au four environ 30 minutes à 350 °F (180 °C).

COMPOTE DE POMMES

DONNE 3 TASSES (750 ML) / CUISSON : 30 MIN

8 LB	POMMES À CUIRE PELÉES ET ÉPÉPINÉES, EN GROS MORCEAUX	4 KG
3 TASSES	JUS DE POMME	750 ML
2/5 TASSE	SIROP D'ÉRABLE	100 ML

METTRE les pommes dans une grande casserole, puis verser le jus et le sirop d'érable. Cuire à feu moyen en remuant fréquemment environ 30 minutes, jusqu'à ce que les pommes soient bien tendres (ajouter un peu de jus de pomme ou d'eau au besoin). Passer au robot ou au presse-purée.

GLACE À LA POMME ET AUX AMANDES GRILLÉES

4 PORTIONS / CUISSON : 1 H 30 MIN
REPOS : 3 À 4 H / CONGÉLATION : 8 À 12 H

3	POMMES GOLDEN PELÉES ET ÉPÉPINÉES, EN MORCEAUX	3
1 C. À SOUPE	BEURRE MOU	15 ML
2 TASSES	LAIT	500 ML
2 TASSES	CRÈME À 35 %	500 ML
1/3 TASSE	AMANDES EFFILÉES OU MOULUES, GRILLÉES	80 ML
10	JAUNES D'ŒUFS	10
1/2 TASSE	SUCRE	125 ML

METTRE les pommes sur une plaque de cuisson et les badigeonner de beurre. Cuire au four environ 1 heure à 300 °F (150 °C).

CHAUFFER le lait et la crème dans une casserole. Retirer du feu, ajouter les amandes et les pommes, puis passer au mélangeur à main. Laisser reposer de 3 à 4 heures à la température ambiante.

PASSER la purée au tamis et la mettre dans une casserole. Mélanger les jaunes d'œufs et le sucre, puis incorporer à la purée. Cuire jusqu'à ce qu'un thermomètre à bonbons indique 175 °F (80 °C). Refroidir rapidement au réfrigérateur, puis mettre dans une sorbetière et turbiner (ou mettre au congélateur dans un contenant bas et large ; laisser geler de 8 à 12 heures).

PÂTE DE POMMES

DONNE 24 MORCEAUX / CUISSON : 50 MIN
RÉFRIGÉRATION : 24 H

10	POMMES EN GROS MORCEAUX, AVEC LA PELURE ET LES PÉPINS	10
3 C. À SOUPE	EAU	45 ML
1 1/4 TASSE	CASSONADE	310 ML
2 1/2	SACHETS DE GÉLATINE (7 G CHACUN)	2 1/2
	LE JUS DE 1/2 ORANGE	
	SUCRE	

METTRE les pommes et l'eau dans une casserole à fond épais, et cuire 25 minutes à feu doux en remuant de temps à autre. Réduire en purée au robot, passer au tamis et remettre dans la casserole. Incorporer la cassonade et poursuivre la cuisson à feu doux 25 minutes, en remuant souvent.

FAIRE gonfler la gélatine dans 1/4 tasse (60 ml) d'eau froide, puis l'incorporer à la purée. Ajouter le jus d'orange et remuer 2 minutes hors du feu.

VERSER la préparation sur une plaque de cuisson munie d'un rebord et tapissée de papier ciré, et réfrigérer 24 heures. Couper la pâte selon la forme désirée et saupoudrer de sucre avant de servir.

POMMES AU CARAMEL ET À LA LIME

4 PORTIONS / CUISSON : 40 MIN

5	GROSSES POMMES GOLDEN, PELÉES ET ÉVIDÉES	5
I TASSE	NOIX DIVERSES GRILLÉES, HACHÉES GROSSIÈREMENT	250 ML
½ TASSE	BISCUITS AMARETTI RÉDUITS EN CHAPELURE	125 ML
¼ TASSE	BEURRE MOU	60 ML
I TASSE	SUCRE	250 ML
3 C. À SOUPE	JUS DE LIME	45 ML
I TASSE	CRÈME À 35 %	250 ML

DÉPOSER les pommes dans un plat allant au four. Combiner les noix, la chapelure et le beurre, et en remplir la cavité des pommes (s'il reste de la garniture, la mettre dans le plat). Réserver.

MÉLANGER le sucre et le jus de lime dans une casserole à fond épais. Chauffer à feu moyen jusqu'à l'obtention d'un caramel d'une belle couleur brune, puis incorporer peu à peu la crème préalablement portée à ébullition (verser doucement pour éviter tout risque d'éclaboussure).

VERSER le caramel sur les pommes et cuire au four environ 30 minutes à 350 °F (180 °C). Si le caramel épaissit trop, ajouter un peu d'eau en cours de cuisson.

CHIPS DE POMMES À LA CANNELLE

4 PORTIONS / TREMPAGE : 5 MIN
CUISSON : 4 À 5 H

	LE JUS DE I CITRON	
2 C. À THÉ	SUCRE GLACE	10 ML
I C. À THÉ	CANNELLE MOULUE	5 ML
2 C. À SOUPE	EAU	30 ML
2	POMMES GOLDEN AVEC LA PELURE, ÉVIDÉES	2

MÉLANGER le jus de citron, le sucre glace, la cannelle et l'eau dans un petit bol. À l'aide d'une mandoline, couper les pommes en tranches de ⅛ po (3 mm) d'épaisseur et les tremper 5 minutes dans la préparation citronnée.

ÉPONGER les tranches de pommes et les étendre sur une plaque de cuisson tapissée de papier parchemin. Laisser sécher au four à 150 °F (65 °C) de 4 à 5 heures ou plus si nécessaire, jusqu'à ce qu'elles soient bien croquantes. Retourner une fois à la mi-cuisson.

SLUSH À LA POMME ET AU FENOUIL

DONNE 3 À 4 TASSES (750 ML À I L)
CONGÉLATION : 6 H

4 LB	POMMES GRANNY SMITH EN GROS MORCEAUX	2 KG
3	BULBES DE FENOUIL EN GROS MORCEAUX	3
	LE JUS DE I LIME	
½ TASSE	SUCRE	125 ML
	EAU GAZÉIFIÉE, AU GOÛT	

PASSER les pommes à la centrifugeuse pour en extraire le jus, puis procéder de la même façon avec le fenouil. Mélanger les jus, puis ajouter le jus de lime et le sucre. Remuer pour bien dissoudre le sucre.

VERSER la préparation dans un contenant bas et large, et mettre au congélateur 2 heures. Passer ensuite au robot en l'actionnant par à-coups pour briser tous les cristaux qui se sont formés. Répéter l'opération deux fois.

METTRE la slush dans des verres et ajouter de l'eau gazéifiée au goût.

BEIGNETS DE POMMES AU GINGEMBRE ET À L'ANIS ÉTOILÉ

4 PORTIONS / CUISSON : 7 MIN

½ TASSE	PAIN D'ÉPICE RÉDUIT EN CHAPELURE	125 ML
3	POMMES À CUIRE PELÉES ET ÉPÉPINÉES, EN QUARTIERS	3
2 C. À THÉ	MIEL	10 ML
½ TASSE	FARINE	125 ML
I	PINCÉE DE SEL	I
I C. À SOUPE	GINGEMBRE FRAIS, RÂPÉ	15 ML
2 C. À THÉ	ANIS ÉTOILÉ MOULU	10 ML
3 C. À SOUPE	LAIT	45 ML
3 C. À SOUPE	EAU	45 ML
2	ŒUFS, JAUNES ET BLANCS SÉPARÉS	2
	HUILE VÉGÉTALE	
	SUCRE	
	CANNELLE MOULUE	

COMBINER la chapelure, les pommes et le miel dans un bol; réserver.

MÉLANGER la farine, le sel, le gingembre et l'anis étoilé dans un autre bol. Ajouter le lait et l'eau, puis les jaunes d'œufs.

MONTER les blancs en neige ferme, puis les incorporer délicatement à la pâte.

METTRE de l'huile végétale dans un grand chaudron à fond épais de façon à obtenir environ 3 po (7 cm) de haut. Chauffer jusqu'à ce qu'un bout de pain puisse dorer en 30 secondes.

ENROBER de pâte chacun des quartiers de pommes et les glisser dans l'huile. Cuire de 3 à 4 minutes, puis saupoudrer de sucre et de cannelle.

STRUDEL AUX POMMES, AUX POIRES ET À LA CANNELLE

4 PORTIONS / CUISSON : 30 MIN

2 C. À SOUPE	BEURRE	30 ML
3	POMMES PELÉES ET ÉPÉPINÉES, EN QUARTIERS	3
3	POIRES FERMES PELÉES ET ÉPÉPINÉES, EN QUARTIERS	3
	LE JUS DE I CITRON	
2 C. À SOUPE	CASSONADE	30 ML
2 C. À THÉ	MIEL	10 ML
	CANNELLE ET MUSCADE MOULUES, AU GOÛT	
4	FEUILLES DE PÂTE PHYLLO	4
	BEURRE FONDU, POUR BADIGEONNER LA PÂTE	
	SUCRE GLACE	

CHAUFFER le beurre dans une poêle. Ajouter les pommes, les poires, le jus de citron et la cassonade et cuire 10 minutes à feu moyen (les fruits doivent garder leur forme). Ajouter le miel, et saupoudrer de cannelle et de muscade. Mélanger délicatement.

ÉTENDRE une feuille de pâte sur le plan de travail et la badigeonner de beurre fondu. Superposer le reste de la pâte en badigeonnant après chaque feuille (terminer avec du beurre). Déposer les fruits sur le côté le plus long de la pâte et rouler en serrant.

METTRE le rouleau sur une plaque de cuisson tapissée de papier parchemin. Badigeonner de beurre fondu et cuire au four environ 20 minutes à 350 °F (180 °C). À la sortie du four, saupoudrer de sucre glace.

PURÉE DE POMMES DE TERRE AUX CÈPES ET AU CHEDDAR

4 PORTIONS / CUISSON : 20 MIN

1 ¼ LB	POMMES DE TERRE EN DÉS	625 G
½ TASSE	BEURRE	125 ML
10 OZ	CÈPES EN GROS DÉS	300 G
⅓ TASSE	CRÈME À 35 %	80 ML
3 OZ	CHEDDAR DOUX EN PETITS MORCEAUX	90 G
	SEL ET POIVRE	

CUIRE les pommes de terre 15 minutes à l'eau bouillante légèrement salée. Égoutter et passer au moulin à légumes (grille fine) ; réserver.

CHAUFFER le beurre dans une poêle et faire revenir doucement les cèpes 2 minutes. Ajouter la crème et poursuivre la cuisson 2 minutes ; incorporer progressivement la préparation à la purée. Ajouter le fromage, saler, poivrer et servir aussitôt.

POMMES DE TERRE FARCIES AU BRIE, AU BACON ET AUX TOMATES SÉCHÉES

4 PORTIONS / CUISSON : 1 H

4	GROSSES POMMES DE TERRE AVEC LA PELURE	4
2 C. À SOUPE	BEURRE	30 ML
7 OZ	BRIE EN PETITS CUBES	200 G
4	TRANCHES DE BACON BIEN CUIT ET HACHÉ	4
⅓ TASSE	TOMATES SÉCHÉES HACHÉES	80 ML
2 C. À SOUPE	CIBOULETTE FRAÎCHE, HACHÉE	30 ML
1 C. À THÉ	MUSCADE MOULUE	5 ML
	SEL ET POIVRE	

DÉPOSER les pommes de terre dans un plat allant au four. Garnir chacune d'une noix de beurre et cuire 45 minutes à 300 °F (150 °C). Retourner à la mi-cuisson.

COUPER les pommes de terre en deux sur la longueur. Sans briser la pelure, retirer délicatement la chair et la combiner avec le brie, le bacon, les tomates, la ciboulette et la muscade ; saler et poivrer. Farcir les pelures, les mettre dans un plat allant au four et cuire 15 minutes à 350 °F (180 °C). Servir aussitôt.

GRATIN DAUPHINOIS CLASSIQUE

4 PORTIONS / CUISSON : 1 H

2 LB	POMMES DE TERRE IDAHO ÉPLUCHÉES	1 KG
1 TASSE	LAIT	250 ML
2 TASSES	CRÈME À 35 %	500 ML
2	GOUSSES D'AIL HACHÉES	2
1	BRANCHE DE THYM HACHÉE	1
	NOIX DE MUSCADE RÂPÉE, AU GOÛT	
	SEL ET POIVRE	
1 C. À SOUPE	BEURRE	15 ML

À L'AIDE d'une mandoline, couper les pommes de terre en tranches régulières de ⅛ po (3 mm) d'épaisseur. Disposer en couches dans un plat à gratin généreusement beurré.

PORTER le lait et la crème à ébullition dans une casserole, puis ajouter l'ail, le thym, la muscade et une bonne pincée de sel et de poivre. Cuire 15 minutes à feu moyen, puis verser sur les pommes de terre.

DÉPOSER des noisettes de beurre dans le plat et cuire au four environ 35 minutes à 350 °F (180 °C). Vérifier la cuisson à l'aide de la lame d'un couteau.

COMMENTAIRE Pour obtenir un gratin savoyard, ajouter 1 tasse (250 ml) de fromage suisse râpé avant d'enfourner.

TARTIFLETTE AU RIOPELLE DE L'ISLE

4 PORTIONS / CUISSON : 40 MIN

1 ½ LB	POMMES DE TERRE YUKON GOLD AVEC LA PELURE	750 G
5 OZ	POITRINE DE PORC FUMÉE EN PETITS CUBES	150 G
1	GROS OIGNON, ÉMINCÉ	1
2	ÉCHALOTES SÈCHES HACHÉES	2
⅖ TASSE	VIN BLANC	100 ML
	SEL ET POIVRE	
2	GOUSSES D'AIL COUPÉES EN DEUX ET DÉGERMÉES	2
13 OZ	FROMAGE RIOPELLE DE L'ISLE EN TRANCHES ÉPAISSES	400 G
⅖ TASSE	CRÈME À 35 %	100 ML

CUIRE les pommes de terre 15 minutes à l'eau bouillante légèrement salée (elles doivent rester un peu fermes). Éplucher, couper en tranches de ¼ po (5 mm) d'épaisseur et réserver.

DANS une poêle, faire revenir la poitrine de porc 3 minutes à feu moyen avec l'oignon et les échalotes. Verser le vin et laisser réduire de moitié. Ajouter les pommes de terre, saler, poivrer et poursuivre la cuisson 5 minutes à feu doux.

FROTTER un plat à gratin beurré avec les gousses d'ail, puis les hacher et les incorporer à la préparation. Verser celle-ci dans le plat, couvrir de fromage et napper de crème. Cuire au four 10 minutes à 400 °F (200 °C).

PARMENTIER DE CONFIT DE CANARD AUX NOISETTES

4 PORTIONS / CUISSON : 30 MIN

4	CUISSES DE CANARD CONFIT	4
1 C. À SOUPE	THYM FRAIS, HACHÉ FINEMENT	15 ML
8	POMMES DE TERRE IDAHO EN PETITS CUBES	8
1	GROSSE NOIX DE BEURRE	1
	SEL DE GUÉRANDE	
	POIVRE	
½ TASSE	NOISETTES GROSSIÈREMENT HACHÉES	125 ML
¼ TASSE	HUILE DE NOISETTE	60 ML

RÉCHAUFFER les cuisses de canard 2 minutes au micro-ondes. Retirer la peau, désosser et combiner la chair avec le thym.

CUIRE les pommes de terre 15 minutes à l'eau bouillante légèrement salée. Égoutter, passer au moulin à légumes (grille fine) et incorporer le beurre ; saler et poivrer.

METTRE la moitié de la purée dans un plat allant au four légèrement beurré, puis ajouter la chair de canard. Couvrir du reste de la purée, parsemer de noisettes et arroser d'huile. Cuire au four de 10 à 15 minutes à 350 °F (180 °C).

CHIPS DE POMMES DE TERRE BLEUES AU CHEDDAR >

4 PORTIONS / TREMPAGE : 5 MIN
CUISSON : 5 À 7 MIN

10 OZ	POMMES DE TERRE BLEUES AVEC LA PELURE	300 G
	HUILE VÉGÉTALE	
½ TASSE	CHEDDAR VIEILLI (IDÉALEMENT 5 ANS) RÂPÉ FINEMENT	125 ML
	SEL ET POIVRE	

À L'AIDE d'une mandoline, couper les pommes de terre en tranches régulières de ⅛ po (3 mm) d'épaisseur, puis les faire tremper dans de l'eau froide salée pendant 5 minutes. Égoutter et éponger.

CHAUFFER l'huile à 350 °F (180 °C) dans une friteuse ou une casserole à fond épais et y cuire les pommes de terre de 4 à 6 minutes.

ÉPONGER les chips et les disposer sur une plaque de cuisson. Saupoudrer de cheddar râpé et cuire au four 1 minute à 400 °F (200 °C). Saler, poivrer et laisser refroidir avant de servir.

GALETTES DE POMMES DE TERRE ET CRÈME SURE

4 PORTIONS / REPOS : 30 MIN
CUISSON : 8 À 10 MIN

¼ TASSE	CRÈME SURE	60 ML
20	BRINS DE CIBOULETTE HACHÉS	20
	LE JUS DE 1 CITRON	
	SEL ET POIVRE	
8	GROSSES POMMES DE TERRE AVEC LA PELURE	8
2	OIGNONS BLANCS MOYENS	2
2	ŒUFS BATTUS	2
3 C. À SOUPE	FARINE TOUT USAGE	45 ML
	HUILE VÉGÉTALE	

MÉLANGER la crème sure, la ciboulette et le jus de citron dans un bol. Saler, poivrer et réserver au réfrigérateur.

RÂPER grossièrement les pommes de terre et les laisser reposer 25 minutes dans un bol. Procéder de la même façon avec les oignons (dans un autre bol).

ÉGOUTTER les pommes de terre, rincer sous l'eau froide, presser entre les mains pour retirer le maximum d'eau et éponger. Ajouter aux oignons avec les œufs et la farine. Saler, poivrer, mélanger délicatement et laisser reposer 5 minutes.

VERSER de l'huile végétale dans une grande poêle de façon à obtenir ⅛ po (3 mm) de haut et chauffer à feu vif. Déposer de grosses noix de la préparation dans la poêle et les écraser à la fourchette afin d'obtenir des galettes pas trop épaisses. Dorer environ 3 minutes de chaque côté, puis éponger. Servir aussitôt accompagné de la préparation de crème sure.

CRÈME DE POMMES DE TERRE À L'ESTRAGON

4 PORTIONS / CUISSON : 40 MIN

1	NOIX DE BEURRE	1
1	PETIT OIGNON, EN GROS MORCEAUX	1
1	PETIT NAVET BLANC, EN GROS MORCEAUX	1
2	BLANCS DE POIREAUX EN GROS MORCEAUX	2
3	BRANCHES DE CÉLERI (PARTIE BLANCHE) EN GROS MORCEAUX	3
3 TASSES	POMMES DE TERRE IDAHO ÉPLUCHÉES, EN GROS MORCEAUX	750 ML
	SEL ET POIVRE BLANC	
20	FEUILLES D'ESTRAGON	20

CHAUFFER le beurre dans une casserole ; faire revenir l'oignon, le navet, le poireau et le céleri 4 minutes sans coloration. Ajouter les pommes de terre et mouiller à hauteur avec de l'eau. Cuire 35 minutes à feu doux.

RÉDUIRE en purée au mélangeur à main et remettre sur le feu. Saler, poivrer, ajouter l'estragon et laisser réduire quelque peu jusqu'à consistance onctueuse. Servir très chaud.

CASSEROLE DE RATTES CONFORTABLE

4 PORTIONS / CUISSON : 35 MIN

2 C. À SOUPE	HUILE D'OLIVE	30 ML
2 C. À SOUPE	BEURRE	30 ML
2 LB	RATTES ENTIÈRES AVEC LA PELURE (OU POMMES DE TERRE GRELOTS NOUVELLES)	1 KG
4	GOUSSES D'AIL ENTIÈRES	4
12	PETITS OIGNONS BLANCS (OIGNONS PERLÉS)	12
7 OZ	SAUCISSE FUMÉE OU CHORIZO EN TRONÇONS	200 G
4	TRANCHES DE PANCETTA EN LANIÈRES	4
4	TRANCHES DE PROSCIUTTO EN LANIÈRES	4
3	BRANCHES DE SARRIETTE	3
3	BRANCHES DE ROMARIN	3
1 C. À THÉ	PÂTE DE TOMATES	15 ML
2 TASSES	FOND DE VEAU (voir recette, p. 192) OU DEMI-GLACE DE VEAU	500 ML
²/₃ TASSE	CRÈME À 35 %	160 ML
	SEL ET POIVRE	

CHAUFFER l'huile et le beurre dans une poêle à fond épais. Ajouter les rattes, l'ail et les oignons. Cuire environ 5 minutes en remuant de temps à autre.

AJOUTER les viandes, les herbes, la pâte de tomates et le fond de veau. En remuant de temps à autre, poursuivre la cuisson environ 25 à 30 minutes, jusqu'à évaporation du liquide (si les rattes ne sont pas cuites, ajouter un peu de fond de veau et prolonger la cuisson). Verser la crème, saler et poivrer. Cuire encore 1 minute et servir aussitôt.

POMMES DAUPHINE À LA CANNELLE ET AU SUCRE GLACE

4 PORTIONS / CUISSON : 40 MIN

4	POMMES DE TERRE MOYENNES, ÉPLUCHÉES	4
1 TASSE	EAU	250 ML
¼ TASSE	BEURRE EN MORCEAUX	60 ML
1 C. À THÉ	CANNELLE MOULUE	5 ML
½ TASSE	FARINE	125 ML
4	JAUNES D'ŒUFS	4
	HUILE À FRITURE	
	SUCRE GLACE	

CUIRE les pommes de terre à l'eau bouillante légèrement salée environ 30 minutes (selon la grosseur). Égoutter, passer au moulin à légumes et laisser tiédir.

METTRE l'eau, le beurre et la cannelle dans une casserole, puis porter à ébullition. À feu doux, ajouter la farine en pluie et mélanger énergiquement à l'aide d'une spatule jusqu'à ce que la pâte soit desséchée et se décolle des parois. Hors du feu, incorporer les jaunes d'œufs un à un, puis ajouter la purée de pommes de terre.

CHAUFFER l'huile à 350 °F (180 °C) dans une friteuse ou une casserole à fond épais et y cuire des cuillerées de pâte de 4 à 5 minutes, jusqu'à ce qu'elle soit dorée et croustillante. Éponger et dresser sur un plat de service. Saupoudrer de sucre glace et servir aussitôt.

JAMBONNEAUX RÔTIS AUX POMMES

4 PORTIONS / CUISSON : 1 H 30 MIN

2	JAMBONNEAUX D'ENVIRON 8 OZ (250 G) CHACUN PIQUÉS DE DEUX CLOUS DE GIROFLE	2
2/5 TASSE	JUS DE POMME	100 ML
2/5 TASSE	VIN BLANC	100 ML
3 C. À SOUPE	SIROP D'ÉRABLE	45 ML
3 C. À SOUPE	COGNAC OU CALVADOS	45 ML
1 C. À THÉ	PIMENT DE CAYENNE	5 ML
	SEL, AU GOÛT	
5	POMMES GOLDEN PELÉES ET ÉPÉPINÉES, EN QUARTIERS	5
1 C. À THÉ	CANNELLE MOULUE	5 ML

DÉPOSER les jambonneaux dans un plat huilé allant au four. Verser le jus de pomme et le vin blanc, puis cuire 1 heure à 300 °F (150 °C).

DANS un bol, combiner le sirop d'érable, l'alcool, le piment de Cayenne et le sel, puis badigeonner les jambonneaux de ce mélange. Ajouter les pommes et la cannelle, et poursuivre la cuisson jusqu'à ce que les jambonneaux soient tendres et que la chair se détache (au moins 30 minutes, peut-être beaucoup plus selon la qualité de la viande).

DÉPOSER les jambonneaux dans un plat de service et disposer les pommes autour. Récupérer le jus de cuisson, le dégraisser et servir aussitôt avec les jambonneaux.

CARRÉ DE PORC AU FOUR

4 PORTIONS / CUISSON : 45 MIN
REPOS : 10 MIN

3 C. À SOUPE	HERBES FRAÎCHES (THYM, BASILIC, ORIGAN, SAUGE), HACHÉES FINEMENT	45 ML
2	GOUSSES D'AIL HACHÉES	2
1	OIGNON HACHÉ	1
2 C. À SOUPE	ZESTE DE CITRON OU D'ORANGE RÂPÉ	30 ML
	POIVRE, AU GOÛT	
2 C. À SOUPE	PÂTE DE TOMATES	30 ML
1	CARRÉ DE PORC DE 1 1/2 À 2 LB (750 G À 1 KG) AVEC LES OS	1
6	TRANCHES DE PANCETTA MAIGRE	6
2 C. À SOUPE	HUILE D'OLIVE	30 ML
	SEL	
1 TASSE	BOUILLON DE VOLAILLE	250 ML
8 OZ	OLIVES NOIRES ENTIÈRES	250 G
3	TOMATES EN PETITS CUBES	3

COMBINER les herbes, l'ail, l'oignon, le zeste, le poivre et la pâte de tomates dans un bol ; enduire la viande de ce mélange. Envelopper de pancetta, ficeler comme un rôti et mettre dans un plat allant au four, les os en dessous. Verser l'huile, saler et cuire 15 minutes à 400 °F (200 °C).

AJOUTER le bouillon de volaille, les olives et les tomates, réduire la température du four à 250 °F (120 °C) et poursuivre la cuisson 30 minutes (ajouter du bouillon si nécessaire).

SORTIR le plat du four et laisser reposer 10 minutes. Rectifier l'assaisonnement du jus de cuisson et servir en guise de sauce.

CIVET DE PORC AUX CHANTERELLES

4 PORTIONS / CUISSON : 1 H 30 MIN
RÉFRIGÉRATION : AU MOINS 6 H

13 OZ	FLANC DE PORC MAIGRE EN MORCEAUX	400 G
13 OZ	ÉPAULE DE PORC EN MORCEAUX	400 G
12	GRAINS DE POIVRE ÉCRASÉS	12
1	GOUSSE D'AIL ÉMINCÉE	1
1	BOUQUET GARNI	1
2 2/5 TASSES	VIN ROUGE DE QUALITÉ	600 ML
3 OZ	LARD DE POITRINE FUMÉ EN PETITS CUBES	90 G
2 C. À SOUPE	FARINE	30 ML
2	OIGNONS ÉMINCÉS	2
7 OZ	CHANTERELLES NETTOYÉES, EN GROS MORCEAUX	200 G
	SEL	

MÉLANGER le flanc et l'épaule dans un bol avec le poivre, l'ail et le bouquet garni. Verser le vin, couvrir et laisser mariner au réfrigérateur 6 heures ou toute la nuit. Le lendemain, égoutter la viande, éponger et réserver. Filtrer la marinade et réserver.

FONDRE les lardons à feu moyen dans une casserole, puis les retirer et les éponger ; réserver.

DORER la viande de tous les côtés dans le gras de lardons. Saupoudrer de farine, remuer et cuire de 2 à 3 minutes. Verser la marinade, puis ajouter les oignons et les chanterelles. Porter à ébullition, ajouter les lardons et couvrir. Cuire à feu doux 1 ¼ heure. Saler au besoin et servir très chaud.

PETIT SALÉ
AUX LENTILLES

4 PORTIONS / TREMPAGE : 4 À 5 H
CUISSON : 2 H 15 MIN

1 ¼ LB	PETITES LENTILLES VERTES	625 G
1	JARRET DE PORC DE ½ À ¾ LB (250 À 375 G)	1
13 OZ	POITRINE DE PORC FUMÉE EN CUBES DE ¾ PO (2 CM)	400 G
3	CAROTTES EN GROS MORCEAUX	3
2	PETITS POIREAUX, EN GROS MORCEAUX	2
2	SAUCISSES FUMÉES (DE MORTEAU OU POLONAISES)	2
3	GOUSSES D'AIL	3
1	OIGNON PIQUÉ DE TROIS CLOUS DE GIROFLE	1
1	BOUQUET GARNI	1
	SEL ET POIVRE	

FAIRE tremper les lentilles dans l'eau froide de 4 à 5 heures.

METTRE le jarret et la poitrine dans une casserole allant au four, couvrir d'eau froide et porter lentement à ébullition en écumant. Ajouter deux carottes et les poireaux, puis laisser cuire 1 heure à feu doux en écumant de temps à autre. Ajouter les saucisses entières et poursuivre la cuisson 15 minutes.

PENDANT ce temps, égoutter et rincer les lentilles, mettre dans une autre casserole et couvrir d'eau froide. Ajouter la dernière carotte, l'ail, l'oignon et le bouquet garni, puis cuire à feu doux 30 minutes.

METTRE les lentilles et le bouquet garni dans la casserole contenant le porc, puis cuire au four 1 heure à 250 °F (120 °C). Saler, poivrer, retirer le bouquet garni et servir aussitôt.

RAVIOLES DE PORC >

4 PORTIONS / CUISSON : DE 15 À 20 MIN

1	FILET D'HUILE D'OLIVE	1
5 OZ	PORC HACHÉ	150 G
3 OZ	CREVETTES CUITES ET DÉCORTIQUÉES, HACHÉES	90 G
3	SHIITAKES COUPÉS FINEMENT	3
2 C. À THÉ	SAUCE SOJA	10 ML
2 C. À SOUPE	VIN DE RIZ	30 ML
½ C. À THÉ	SEL	2 ML
¾ C. À THÉ	SUCRE	4 ML
24	CERCLES DE PÂTE WON-TON	24
24	FEUILLES DE CORIANDRE	24

CHAUFFER l'huile d'olive dans une poêle et faire revenir le porc, les crevettes et les shiitakes 30 secondes. Ajouter la sauce soja, le vin de riz, le sel et le sucre, puis cuire encore 40 secondes. Réserver et laisser refroidir.

RÉPARTIR la farce sur les cercles de pâte et garnir chacun d'une feuille de coriandre. Replier la pâte en deux et pincer les bords pour bien sceller. En maintenant une forte ébullition, cuire dans une marguerite jusqu'à ce que la pâte devienne transparente, de 8 à 15 minutes. Éponger et servir aussitôt.

CÔTES LEVÉES À L'ORIENTALE

4 PORTIONS / MARINADE : 3 À 4 H
CUISSON : 1 H 10 MIN

4	MORCEAUX DE CÔTES LEVÉES	4
	DE 1 À 1½ LB	
	(500 À 750 G) CHACUN	
⅓ TASSE	SAUCE SOJA	80 ML
2 C. À SOUPE	MIEL	30 ML
2 C. À SOUPE	VINAIGRE DE RIZ OU	30 ML
	VINAIGRE BLANC	
3 C. À SOUPE	SAUCE HOISIN	45 ML
1 C. À SOUPE	AIL HACHÉ FINEMENT	15 ML
1 C. À SOUPE	GINGEMBRE FRAIS, HACHÉ	15 ML
	SEL ET POIVRE, AU GOÛT	

METTRE les côtes levées dans un grand bol. Mélanger le reste des ingrédients, verser sur les côtes levées, remuer de façon à enrober parfaitement et laisser mariner de 3 à 4 heures à la température ambiante.

ÉGOUTTER les côtes levées et les déposer directement sur la grille du four. Mettre un plat contenant de l'eau sur la grille inférieure afin de récupérer le gras de cuisson. Cuire 1 heure à 340 °F (170 °C), puis augmenter la température du four à 400 °F (200 °C). Poursuivre la cuisson 10 minutes ou jusqu'à ce que les côtes levées soient bien rôties.

RILLETTES DE PORC

DONNE 3 TASSES (750 ML) / CUISSON : 4 H
RÉFRIGÉRATION : 12 H

2 LB	PORC MAIGRE	1 KG
	(DANS L'ÉCHINE) EN CUBES	
	DE ½ PO (1 CM)	
2 LB	LARD GRAS EN CUBES	1 KG
	DE ½ PO (1 CM)	
1	GROS BOUQUET GARNI	1
1 C. À THÉ	CINQ-ÉPICES	5 ML
⅘ TASSE	VIN BLANC MOELLEUX	200 ML
	SEL ET POIVRE, AU GOÛT	

METTRE tous les ingrédients dans une casserole à fond épais et mouiller à hauteur avec de l'eau. Couvrir et cuire au four 4 heures à 225 °F (110 °C) en remuant de temps à autre.

LORSQUE la viande est fondante, retirer le bouquet garni et mouler les rillettes dans des ramequins ou des pots de conserve. Tasser pour que le gras monte à la surface et réfrigérer au moins 12 heures avant de servir.

PAUPIETTES DE PORC À LA TOMATE

4 PORTIONS / CUISSON : 1 H

4	GRANDES ESCALOPES	4
	DE PORC DE ¼ PO	
	(5 MM) D'ÉPAISSEUR	
4	TRANCHES D'AUBERGINE	4
	(SUR LA LONGUEUR)	
	DE ¼ PO (5 MM) D'ÉPAISSEUR	
4	TRANCHES DE PROVOLONE	4
	SEL ET POIVRE	
	FARINE	
2 C. À SOUPE	BEURRE	30 ML
8	TOMATES BIEN MÛRES,	8
	ÉMONDÉES (voir méthode, p. 181),	
	ÉPÉPINÉES ET CONCASSÉES	
5	FEUILLES DE SAUGE HACHÉES	5
5	FEUILLES DE BASILIC HACHÉES	5
	PARMESAN RÂPÉ	

METTRE les escalopes entre deux épaisseurs de pellicule de plastique et les aplatir à l'aide d'un rouleau à pâtisserie. Déposer une tranche d'aubergine sur chacune, puis une tranche de provolone; saler et poivrer. Rouler en petits paquets, ficeler en croix et fariner légèrement.

CHAUFFER le beurre dans une casserole et rôtir les paupiettes sur tous les côtés. Ajouter les tomates, la sauge et le basilic; saler, poivrer et cuire à feu doux 45 minutes. Retirer délicatement les paupiettes et ôter la ficelle. Napper de la sauce tomate et garnir de parmesan.

POLPETTES DE PORC AUX ARTICHAUTS

4 PORTIONS / REPOS : 10 MIN
CUISSON : 20 MIN

1 TASSE	MIE DE PAIN DE CAMPAGNE EN GROS CUBES	250 ML
½ TASSE	LAIT	125 ML
2	ŒUFS LÉGÈREMENT BATTUS	2
	SEL ET POIVRE	
1 LB	PORC HACHÉ MAIGRE	500 G
6	FONDS D'ARTICHAUTS EN PETITS DÉS	6
¼ TASSE	PARMESAN RÂPÉ	60 ML
3 C. À SOUPE	PERSIL FRAIS, HACHÉ	45 ML
3 C. À SOUPE	HUILE D'OLIVE	45 ML
1 TASSE	COULIS DE TOMATES (voir recette, p. 181)	250 ML

METTRE le pain dans un bol, puis ajouter le lait et les œufs. Saler, poivrer, mélanger et laisser reposer 10 minutes.

AJOUTER le porc haché, les artichauts, le parmesan et le persil. Mélanger énergiquement afin d'obtenir une préparation homogène et façonner en boulettes de la taille d'une balle de golf.

CHAUFFER l'huile dans une casserole à fond épais et colorer uniformément les boulettes. Ajouter le coulis de tomates et cuire 20 minutes à feu doux. Servir avec des pâtes ou du riz.

GRENADINS DE PORC ET FARCE FINE DE CHAMPIGNONS

4 PORTIONS / RÉFRIGÉRATION : 40 MIN
CUISSON : 30 MIN

4	CÔTES DE PORC D'ENVIRON ¾ PO (2 CM) D'ÉPAISSEUR	4
	SEL ET POIVRE	
	LE JUS DE 1 CITRON	
3 C. À SOUPE	HUILE D'OLIVE	45 ML
5 OZ	PORC HACHÉ MAIGRE	150 G
¼ TASSE	DUXELLES (voir recette, p. 57)	60 ML
1 C. À THÉ	PAPRIKA	5 ML
1 C. À SOUPE	SAUGE FRAÎCHE, HACHÉE	15 ML
1 C. À SOUPE	CRÈME À 35 %	15 ML
1 C. À SOUPE	BEURRE	15 ML
⅘ TASSE	FOND DE VEAU (voir recette, p. 192)	200 ML

OUVRIR les côtes de porc en portefeuille sur l'épaisseur à l'aide d'un long couteau. Mettre dans un plat, saler, poivrer, puis arroser de jus de citron et de 2 c. à soupe (30 ml) d'huile d'olive. Couvrir et laisser reposer 40 minutes au réfrigérateur.

MÉLANGER énergiquement le porc haché, la duxelles, le paprika, la sauge et la crème dans un bol ; saler et poivrer (si désiré, cuire un peu de la farce pour en rectifier l'assaisonnement). Façonner en boulettes de la taille d'une balle de golf et en farcir les côtes ; refermer.

CHAUFFER le beurre et le reste de l'huile dans une poêle, puis colorer les côtes de chaque côté. Verser le fond de veau et cuire au four 20 minutes à 350 °F (180 °C). Retourner à la mi-cuisson et ajouter un peu d'eau si nécessaire. Déposer les grenadins dans un plat de service, filtrer le jus de cuisson et servir très chaud.

ATTENTION ! POUR ENRAYER LA PRÉSENCE DE SALMONELLES, LA TEMPÉRATURE INTERNE DE LA VOLAILLE DOIT ATTEINDRE AU MOINS 150 °F (65 °C) DURANT LA CUISSON.

POP-CORN DE POULET

**4 PORTIONS / RÉFRIGÉRATION : 1 H
CUISSON : 15 À 20 MIN**

1 ¼ LB	POITRINES DE POULET	625 G
	SANS LA PEAU ET DÉSOSSÉES,	
	EN CUBES DE ¾ PO (2 CM)	
1	ŒUF BATTU	1
1 C. À SOUPE	MOUTARDE DE DIJON	15 ML
2 C. À SOUPE	HUILE D'OLIVE	30 ML
	SEL ET POIVRE	
1 ⅔ TASSE	CHAPELURE	410 ML
7 OZ	PARMESAN RÂPÉ	200 G
1 C. À SOUPE	GINGEMBRE MOULU	15 ML
1 C. À SOUPE	POUDRE D'AIL	15 ML
1 C. À SOUPE	HERBES DE PROVENCE	15 ML

METTRE le poulet, l'œuf, la moutarde et l'huile dans un bol. Saler, poivrer, mélanger délicatement et réfrigérer 1 heure.
MÉLANGER le reste des ingrédients dans un autre bol, puis saler et poivrer. Passer les morceaux de poulet un à un dans la panure et les déposer sur une plaque de cuisson tapissée de papier parchemin. Cuire au four de 15 à 20 minutes à 400 °F (200 °C). Vérifier la cuisson et servir aussitôt.

BOULETTES DE POULET AU CARI

4 PORTIONS / CUISSON : 45 À 50 MIN

1 LB	POULET HACHÉ	500 G
⅖ TASSE	CHAPELURE	100 ML
1	ŒUF	1
2 C. À THÉ	CARI	10 ML
⅖ TASSE	RIZ BASMATI	100 ML
1 TASSE	COULIS DE TOMATES	250 ML
	(voir recette, p. 181)	
1 TASSE	LAIT DE COCO	250 ML
2 TASSES	BOUILLON DE VOLAILLE	500 ML
	SEL ET POIVRE	

COMBINER le poulet, la chapelure, l'œuf et le cari dans un bol de façon à obtenir un mélange homogène. Façonner en boulettes de la taille d'une balle de golf, les rouler dans le riz et les mettre dans une casserole allant au four.
MÉLANGER le coulis de tomates, le lait de coco et le bouillon dans un bol ; saler et poivrer. Verser sur le poulet, couvrir et cuire au four de 45 à 50 minutes à 300 °F (150 °C).

POULET RÔTI AUX ÉPICES

**4 PORTIONS / RÉFRIGÉRATION : 6 H
CUISSON : 1 H 30 MIN**

1	POULET DE 2 À 3 LB	1
	(1 À 1,5 KG)	
2 C. À SOUPE	CINQ-ÉPICES	30 ML
2 C. À SOUPE	KETCHUP	30 ML
1 C. À SOUPE	SAUCE BARBECUE	15 ML
	DU COMMERCE	
1 C. À THÉ	PIMENT DE CAYENNE	5 ML
2	GOUSSES D'AIL	2
1	PETIT OIGNON, HACHÉ	1
	GROSSIÈREMENT	
	LE JUS ET LE ZESTE	
	DE 3 CITRONS	
½ TASSE	MIEL	125 ML
½ TASSE	HUILE D'OLIVE	125 ML
	SEL, AU GOÛT	

DÉPOSER le poulet dans un plat. Au robot, réduire le reste des ingrédients en préparation homogène. Badigeonner généreusement l'extérieur et la cavité du poulet (réserver le reste de la marinade). Couvrir et laisser reposer 6 heures au réfrigérateur.
METTRE le poulet dans un plat allant au four et cuire 1 ½ heure à 350 °F (180 °C) en badigeonnant de marinade et en arrosant de jus de cuisson toutes les 10 minutes. Vérifier la cuisson et servir.

DÉROULÉ DE POULET ET JULIENNE DE LÉGUMES À L'ESTRAGON

4 PORTIONS / CUISSON : 30 MIN

2 TASSES	BOUILLON DE VOLAILLE	500 ML
3 C. À SOUPE	CRÈME À 35 %	45 ML
5	FEUILLES DE CERFEUIL	5
5	FEUILLES D'ESTRAGON	5
	SEL ET POIVRE	
4	DEMI-POITRINES DE POULET	4
	SANS LA PEAU ET DÉSOSSÉES	
	DE 4 OZ (125 G) CHACUNE	
I C. À SOUPE	HUILE D'OLIVE	15 ML
I	BLANC DE POIREAU	I
	EN FINE JULIENNE	
2	CAROTTES EN JULIENNE	2
2	PANAIS EN JULIENNE	2
2	COURGETTES EN JULIENNE	2
12	FEUILLES D'ESTRAGON	12
	HACHÉES	

MÉLANGER le bouillon, la crème, le cerfeuil et les feuilles d'estragon entières dans une casserole ; saler, poivrer et porter à ébullition. À feu doux, laisser réduire de moitié ; filtrer et réserver.

OUVRIR les poitrines en portefeuille sur l'épaisseur à l'aide d'un long couteau. Les placer entre deux épaisseurs de pellicule de plastique et, à l'aide d'un rouleau à pâtisserie, les aplatir le plus possible sans les briser. Réserver.

CHAUFFER l'huile dans une poêle. Faire sauter le poireau 1 minute ; ajouter les carottes et les panais, cuire encore 1 minute, puis ajouter les courgettes. Saler et poivrer légèrement, et mettre aussitôt au réfrigérateur.

SALER et poivrer les escalopes, répartir la julienne et l'estragon haché, puis les rouler. En serrant, les envelopper individuellement et hermétiquement dans la pellicule de plastique.

FAIRE bouillir de l'eau dans une grande casserole et y plonger le poulet emballé. Réduire le feu et cuire 15 minutes. Déballer et poursuivre la cuisson 6 minutes dans la sauce.

SATAY DE POULET AU SÉSAME

4 PORTIONS / RÉFRIGÉRATION : I H
CUISSON : 25 MIN

SATAY

2 C. À SOUPE	HUILE DE SÉSAME GRILLÉ	30 ML
2	GOUSSES D'AIL HACHÉES	2
	LE JUS DE I CITRON	
I C. À SOUPE	GINGEMBRE FRAIS, HACHÉ	15 ML
I ½ LB	POITRINES DE POULET	750 G
	SANS LA PEAU ET DÉSOSSÉES,	
	EN LANGUETTES DE ¼ PO	
	(5 MM) D'ÉPAISSEUR	
¼ TASSE	GRAINES DE SÉSAME	60 ML

SAUCE AUX ARACHIDES

¼ TASSE	BEURRE D'ARACHIDE	60 ML
½ TASSE	BOUILLON DE VOLAILLE	125 ML
I C. À SOUPE	GINGEMBRE FRAIS, HACHÉ	15 ML
I	PETIT PIMENT FORT,	I
	HACHÉ (FACULTATIF)	
	LE ZESTE DE I CITRON	

MÉLANGER l'huile, l'ail, le jus de citron et le gingembre dans un bol. Ajouter le poulet, couvrir et laisser reposer 1 heure au réfrigérateur.

ENFILER les lanières de poulet (sur la longueur afin qu'elles tiennent bien en place) sur des brochettes de bois préalablement trempées dans l'eau. Saupoudrer de graines de sésame, déposer sur une plaque de cuisson légèrement huilée et cuire au four 12 minutes à 375 °F (190 °C) ou directement sur le barbecue.

METTRE tous les ingrédients de la sauce aux arachides dans une casserole, porter à ébullition, réduire le feu et cuire 10 minutes. Filtrer et servir avec le satay.

SOUPE DE POULET À LA THAÏE

4 PORTIONS / CUISSON : 35 MIN

1	TÊTE D'AIL NON ÉPLUCHÉE, COUPÉE EN DEUX	1
1 C. À SOUPE	GINGEMBRE FRAIS, HACHÉ	15 ML
1	TIGE DE CITRONNELLE HACHÉE	1
2	FEUILLES DE CITRONNIER (FACULTATIF)	2
1 1/4 TASSE	BOUILLON DE POULET	310 ML
2 TASSES	LAIT DE COCO	500 ML
3/4 LB	POITRINES DE POULET SANS LA PEAU ET DÉSOSSÉES, EN LANIÈRES	375 G
3 OZ	SHIITAKES ÉMINCÉS	90 G
1	POIVRON ROUGE EN FINE JULIENNE	1
1	GROS BOUQUET DE CORIANDRE, HACHÉ	1
	SEL ET POIVRE	

MÉLANGER l'ail, le gingembre, la citronnelle et les feuilles de citronnier, si désiré, dans une casserole. Verser le bouillon de poulet et le lait de coco, puis porter doucement à ébullition. Réduire le feu, laisser mijoter 15 minutes, puis filtrer.

REMETTRE le bouillon sur le feu, ajouter le poulet et les shiitakes, puis cuire 10 minutes à feu doux. Ajouter le poivron et la coriandre ; saler, poivrer et poursuivre la cuisson 5 minutes en remuant de temps à autre. Servir très chaud.

MARINADES

Voici des marinades qui rehausseront la saveur du poulet rôti ou cuit sur le barbecue. Il suffit de mélanger tous les ingrédients. Elles conviennent pour un poulet entier de 2 à 3 lb (1 à 1,5 kg). Le temps de marinade minimal est de 3 heures au réfrigérateur, plus 1 heure à la température ambiante juste avant la cuisson.

AU VIN BLANC

1 TASSE	VIN BLANC DE QUALITÉ MOYENNE	250 ML
1 C. À THÉ	GRAINS DE POIVRE BLANC	5 ML
1	OIGNON VERT HACHÉ	1
1	GOUSSE D'AIL HACHÉE	1
1 C. À THÉ	MIEL	5 ML
1 C. À SOUPE	HERBES FRAÎCHES (ESTRAGON, ANETH, PERSIL, ETC.), HACHÉES	15 ML
	SEL, AU GOÛT	

À LA BIÈRE

1 TASSE	BIÈRE NOIRE	250 ML
1/2 TASSE	HUILE D'OLIVE	125 ML
1/4 TASSE	JUS DE CITRON	60 ML
1	GOUSSE D'AIL ÉCRASÉE	1
2	ÉCHALOTES SÈCHES HACHÉES	2
1 C. À THÉ	SEL DE GUÉRANDE	5 ML
2	FEUILLES DE LAURIER	2
1 C. À THÉ	GRAINES DE CORIANDRE	5 ML
1	BRANCHE DE BASILIC HACHÉE	1
1	BRANCHE D'ORIGAN HACHÉE	1
1	BRANCHE DE THYM HACHÉE	1

AUX HERBES ET À L'AIL

1/4 TASSE	HERBES FRAÎCHES (BASILIC, ROMARIN, THYM, ETC.), HACHÉES	60 ML
2 C. À SOUPE	AIL HACHÉ FINEMENT	30 ML
1/2 TASSE	HUILE D'OLIVE	125 ML
1/2 TASSE	JUS DE CITRON	125 ML
1/4 TASSE	EAU	60 ML
2 C. À SOUPE	CASSONADE	30 ML
	SEL ET POIVRE, AU GOÛT	

AUX AGRUMES

1	PAMPLEMOUSSE ROSE EN SUPRÊMES	1
4	TANGERINES EN SUPRÊMES	4
4	CLÉMENTINES OU ORANGES EN SUPRÊMES	4
1/2 TASSE	HUILE D'OLIVE	125 ML
1	PIMENT FORT ROUGE, HACHÉ	1
2	BRANCHES DE ROMARIN HACHÉES	2
2	BRANCHES DE THYM HACHÉES	2
1 C. À SOUPE	GINGEMBRE FRAIS, HACHÉ	15 ML
2	GOUSSES D'AIL HACHÉES	2
	SEL ET POIVRE, AU GOÛT	

AU YOGOURT

1 1/4 TASSE	YOGOURT NATURE	310 ML
	LE JUS DE 1 CITRON	
	LE JUS DE 1 LIME	
2	GOUSSES D'AIL HACHÉES FINEMENT	2
1/2 C. À THÉ	SEL	2 ML
1/2 C. À THÉ	POIVRE	2 ML
1/2 C. À THÉ	CUMIN MOULU	2 ML
1/2 C. À THÉ	ORIGAN SÉCHÉ	2 ML

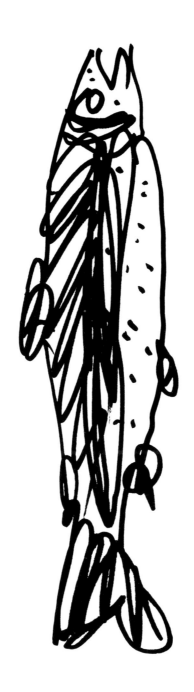

TARTARE DE SAUMON AUX FINES HERBES

4 PORTIONS / RÉFRIGÉRATION : 1 H

13 OZ	SAUMON FRAIS	400 G
	SANS LA PEAU,	
	EN CUBES DE 1/4 PO (5 MM)	
1 C. À THÉ	ÉCHALOTE SÈCHE HACHÉE	5 ML
1 C. À THÉ	CIBOULETTE FRAÎCHE,	5 ML
	CISELÉE	
2 C. À SOUPE	HERBES FRAÎCHES	30 ML
	(CERFEUIL, PERSIL,	
	ESTRAGON OU FEUILLES	
	DE CÉLERI), HACHÉES	
	HUILE D'OLIVE VIERGE EXTRA,	
	AU GOÛT	
	LE JUS DE 1 LIME	
	SEL ET POIVRE, AU GOÛT	

METTRE le saumon dans un bol. Combiner énergiquement le reste des ingrédients dans un autre bol. Verser petit à petit la vinaigrette, au goût, sur le saumon et mélanger délicatement. Réfrigérer 1 heure et servir très frais.

SAUMON MARINÉ À LA RUSSE

4 PORTIONS / MARINADE : 24 H

1 LB	FILET DE SAUMON FRAIS	500 G
	AVEC LA PEAU	
	(PARTIE DU CENTRE)	
	LE ZESTE ET LE JUS DE 1 CITRON	
	LE JUS DE 1 LIME	
1/4 TASSE	VODKA	60 ML
2 C. À SOUPE	GIN	30 ML
1	PETIT OIGNON, ÉMINCÉ	1
2	ÉCHALOTES SÈCHES	2
	ÉMINCÉES	
4	BRANCHES D'ANETH	4
2	BRANCHES DE CERFEUIL	2
10	GRAINS DE POIVRE	10
1/2 TASSE	HUILE VÉGÉTALE	125 ML

DÉPOSER le filet de saumon dans un récipient adapté à sa taille. Mélanger le reste des ingrédients dans un bol, puis verser cette marinade sur le poisson. Couvrir et laisser mariner 24 heures au réfrigérateur.

RETIRER le saumon de la marinade et l'éponger délicatement. Couper en tranches fines à l'aide d'un couteau légèrement huilé.

SAUMON MARINÉ À LA BIÈRE BRUNE

4 PORTIONS / MARINADE : 24 H

1 LB	FILET DE SAUMON FRAIS	500 G
	AVEC LA PEAU	
	(PARTIE DU CENTRE)	
2 C. À SOUPE	CASSONADE	30 ML
1/3	BOUQUET D'ESTRAGON	1/3
1/3	BOUQUET DE CORIANDRE	1/3
1/3	BOUQUET DE CIBOULETTE	1/3
	GRAINS DE POIVRE, AU GOÛT	
	FLEUR DE SEL, AU GOÛT	
1 TASSE	HUILE D'OLIVE	250 ML
1 1/4 TASSE	BIÈRE BRUNE	310 ML

DÉPOSER le filet de saumon dans un récipient adapté à sa taille. Mélanger le reste des ingrédients dans un bol, sauf la bière. Verser cette marinade sur le poisson et ajouter la bière. Couvrir et laisser mariner au moins 24 heures au réfrigérateur.

RETIRER le saumon de la marinade et l'éponger délicatement. Couper en tranches fines à l'aide d'un couteau légèrement huilé.

SAUMON EN FEUILLES DE BANANIER

4 PORTIONS / CUISSON : 10 À 12 MIN

	LE JUS DE 1 CITRON	
1	BANANE	1
2 C. À SOUPE	SAUCE HOISIN	30 ML
2 C. À SOUPE	GINGEMBRE FRAIS, HACHÉ	30 ML
1 C. À SOUPE	BASILIC THAÏ FRAIS (LE MAUVE), HACHÉ	15 ML
1 C. À SOUPE	CORIANDRE FRAÎCHE, HACHÉE	15 ML
1 C. À SOUPE	CIBOULETTE FRAÎCHE, HACHÉE	15 ML
4	FILETS DE SAUMON DE 7 OZ (200 G) CHACUN, SANS LA PEAU	4
2	FEUILLES DE BANANIER COUPÉES EN DEUX	2
	SEL ET POIVRE	

METTRE le jus de citron, la banane, la sauce hoisin, le gingembre et les herbes dans le récipient du robot. Mélanger à haute vitesse.

DÉPOSER un filet de saumon sur chaque demi-feuille de bananier ; saler et poivrer. Verser 1 c. à soupe (15 ml) de la marinade sur chaque filet. Fermer en papillote et fixer à l'aide d'un petit pic de bois.

PLACER une grille dans un plat allant au four, y déposer les papillotes et ajouter de l'eau bouillante (s'assurer que les papillotes ne soient pas en contact avec l'eau). Cuire au four de 10 à 12 minutes à 400 °F (200 °C). Servir aussitôt accompagné de riz blanc parfumé au jasmin.

GRAVLAX >

4 PORTIONS / RÉFRIGÉRATION : 12 H

1 LB	FILET DE SAUMON FRAIS (BIO DE PRÉFÉRENCE)	500 G
½ C. À THÉ	GRAINS DE POIVRE NOIR	2 ML
1 C. À SOUPE	GRAINES DE CARDAMOME	15 ML
1 C. À SOUPE	GRAINES D'ANIS ÉTOILÉ	15 ML
⅖ TASSE	SEL DE GUÉRANDE	100 ML
3 C. À SOUPE	CASSONADE	45 ML

DÉPOSER le filet de saumon sur une pellicule de plastique. Combiner le reste des ingrédients dans un bol et couvrir la surface du saumon de ce mélange. Envelopper en serrant bien et réfrigérer 12 heures.

RINCER abondamment le saumon à l'eau froide et l'éponger parfaitement. Couper en tranches fines à l'aide d'un couteau légèrement huilé et servir avec du pain rôti ou des bagels.

SAUMON MI-CUIT AUX GRAINES DE SÉSAME

4 PORTIONS / CUISSON : 6 MIN

4	PAVÉS DE SAUMON DE 5 OZ (150 G) CHACUN	4
	GRAINES DE SÉSAME NOIRES ET BLANCHES, EN QUANTITÉ SUFFISANTE	
3 C. À SOUPE	HUILE D'OLIVE (ENVIRON)	45 ML
4 C. À THÉ	HUILE DE SÉSAME GRILLÉ	20 ML
2	FEUILLES DE LIMETTIER (FACULTATIF)	2
	LE JUS DE 3 LIMES	
1 C. À SOUPE	SAUCE SOJA	15 ML
	SEL ET POIVRE, AU GOÛT	
2	CONCOMBRES EN JULIENNE	2
	JUS DE CITRON, AU GOÛT	

ENROBER les pavés de saumon de graines de sésame et réserver à la température ambiante.

METTRE l'huile d'olive, l'huile de sésame, les feuilles de limettier, si désiré, le jus de lime, la sauce soja, le sel et le poivre dans le récipient du robot. Mélanger à haute vitesse, filtrer et réserver.

CHAUFFER un peu d'huile d'olive dans une poêle antiadhésive et cuire le saumon à feu doux environ 6 minutes (il doit être chaud mais très peu cuit à cœur).

DÉPOSER les pavés dans des assiettes et les napper de vinaigrette. Accompagner de la julienne de concombres légèrement citronnée.

SAUMON POCHÉ AU BEURRE BLANC

4 PORTIONS / CUISSON : 35 MIN

NAGE AU VIN BLANC

1	BOUTEILLE DE VIN BLANC	1
4 TASSES	EAU	1 L
3	CAROTTES HACHÉES	3
1	BLANC DE POIREAU HACHÉ	1
1	OIGNON HACHÉ	1
5	ÉCHALOTES SÈCHES HACHÉES	5
2	BRANCHES DE THYM	2
2	BRANCHES DE PERSIL	2
2	FEUILLES DE LAURIER	2
10	BAIES DE GENIÈVRE	10
2	CLOUS DE GIROFLE	2
10	GRAINS DE POIVRE	10
1 C. À SOUPE	GRAINES DE CORIANDRE	15 ML
4	PAVÉS DE SAUMON DE 7 OZ (200 G) CHACUN	4

SAUCE

1/4 TASSE	CRÈME À 35 %	60 ML
3 C. À SOUPE	BEURRE	45 ML
	SEL ET POIVRE	
1	BOUQUET DE CERFEUIL HACHÉ	1
5	BRANCHES D'ANETH HACHÉES	5

METTRE tous les ingrédients de la nage dans une casserole, sauf le saumon, et porter à ébullition. Poursuivre la cuisson à feu doux 20 minutes en maintenant une légère ébullition. Filtrer et laisser refroidir.

METTRE les pavés de saumon dans la nage froide et porter à frémissement. Laisser cuire 8 minutes, retirer délicatement le saumon et réserver au chaud.

VERSER ¼ tasse (60 ml) de nage dans une casserole et faire réduire de moitié. Ajouter la crème, porter de nouveau à ébullition et incorporer petit à petit le beurre. Saler et poivrer, puis ajouter le cerfeuil et l'aneth.

DISPOSER le saumon sur un plat de service et le napper de la sauce.

RILLETTES DE SAUMON AU CARI ET AUX RAISINS DE CORINTHE

4 PORTIONS / CUISSON : 5 MIN
RÉFRIGÉRATION : 4 H

13 OZ	FILET DE SAUMON SANS LA PEAU	400 G
4 TASSES	COURT-BOUILLON AROMATIQUE	1 L
1	ÉCHALOTE SÈCHE HACHÉE	1
1/4 TASSE	YOGOURT NATURE	60 ML
1/4 TASSE	FROMAGE À LA CRÈME	60 ML
1/2 TASSE	BEURRE MOU	125 ML
1/2	BOUQUET DE CIBOULETTE CISELÉ	1/2
1/2 C. À THÉ	CARI	2 ML
3 C. À SOUPE	RAISINS DE CORINTHE OU AUTRES PETITS RAISINS SECS	45 ML
	LE JUS DE 1 CITRON	
	SEL ET POIVRE, AU GOÛT	

FAIRE pocher le saumon au court-bouillon pendant 5 minutes. Retirer délicatement de la casserole, laisser refroidir et couper en petits morceaux.

COMBINER le reste des ingrédients dans un bol. Ajouter le saumon et mélanger délicatement à la fourchette jusqu'à ce que la préparation soit crémeuse. Rectifier l'assaisonnement au besoin.

MOULER les rillettes dans une petite terrine et réfrigérer au moins 4 heures avant de servir.

BROCHETTES DE SAUMON GRILLÉ AU MIEL ET AU CITRON

4 PORTIONS / CUISSON : 5 MIN
RÉFRIGÉRATION : 3 À 4 H

2 C. À SOUPE	MIEL	30 ML
	LE JUS DE 2 CITRONS	
2 C. À SOUPE	SAUCE WORCESTERSHIRE	30 ML
1 C. À SOUPE	THYM FRAIS, HACHÉ	15 ML
1 C. À SOUPE	ROMARIN FRAIS, HACHÉ	15 ML
1 C. À SOUPE	VINAIGRE DE POIRE	15 ML
1 1/4 LB	SAUMON EN CUBES DE 1 1/4 PO (3 CM)	625 G
	SEL ET POIVRE	

CHAUFFER légèrement le miel dans une casserole. Hors du feu, ajouter le jus de citron, la sauce Worcestershire, les herbes et le vinaigre. Laisser refroidir et verser sur le saumon ; saler et poivrer généreusement. Couvrir et laisser mariner de 3 à 4 heures au réfrigérateur.

ENFILER les cubes de saumon sur quatre brochettes de bois préalablement trempées dans l'eau. Déposer sur une plaque de cuisson légèrement huilée.

CUIRE 4 minutes sous le gril du four en retournant et en arrosant de temps à autre les brochettes avec le reste de la marinade. Servir très chaud.

SASHIMI

4 PORTIONS

13 OZ	FILET DE SAUMON FRAIS SANS LA PEAU (BIO DE PRÉFÉRENCE)	400 G
	PÂTE DE WASABI, AU GOÛT	
	SAUCE SOJA, AU GOÛT	

RETIRER le gras et les arêtes du saumon, rincer à l'eau glacée et éponger. Découper en lamelles de 1/4 po (5 mm) d'épaisseur dans le sens contraire des fibres.

DANS un bol, écraser ensemble une part de wasabi pour quatre parts de sauce soja.

DÉPOSER le poisson sur un plat de bois (idéalement) et servir avec des bols individuels contenant la préparation wasabi-soja. Accompagner de pâte de wasabi supplémentaire.

CARPACCIO DE THON

4 PORTIONS / RÉFRIGÉRATION : 30 MIN

1 LB	THON FRAIS	500 G
	SANS LA PEAU	
1/4 TASSE	HUILE D'OLIVE	60 ML
1 C. À SOUPE	BASILIC FRAIS, HACHÉ	15 ML
1 C. À SOUPE	ZESTE D'ORANGE RÂPÉ	15 ML
	LE JUS DE 1 LIME	
	LE JUS DE 1/2 ORANGE	
	POIVRE CONCASSÉ	
	FLEUR DE SEL	

À L'AIDE d'un long couteau, couper le thon en tranches très fines. Disposer dans quatre assiettes et réfrigérer 20 minutes.

METTRE l'huile dans un bol avec le basilic, le zeste d'orange et les jus. Mélanger énergiquement afin d'émulsionner, puis badigeonner le thon de cette vinaigrette. Couvrir et réfrigérer 10 minutes.

POIVRER le carpaccio et le parsemer de fleur de sel. Servir bien frais accompagné d'une salade de roquette.

TARTARE DE THON À L'AÏOLI

4 PORTIONS / RÉFRIGÉRATION : 5 MIN

AÏOLI		
3	GOUSSES D'AIL	3
1	JAUNE D'ŒUF	1
5	PISTILS DE SAFRAN	5
	SEL ET POIVRE	
1 TASSE	HUILE D'OLIVE	250 ML
	QUELQUES GOUTTES	
	DE JUS DE CITRON	

TARTARE		
1 LB	THON FRAIS, CRU	500 G
	LE JUS DE 2 CITRONS	
1	BOUQUET DE CIBOULETTE	1
	CISELÉ	
1	PETIT BOUQUET DE	1
	PERSIL, CISELÉ	
3	ÉCHALOTES SÈCHES HACHÉES	3

METTRE l'ail, le jaune d'œuf, le safran ainsi qu'une pincée de sel et de poivre dans le récipient du robot. Verser l'huile en filet et monter comme une mayonnaise. Rectifier l'assaisonnement au besoin, ajouter quelques gouttes de jus de citron et réserver.

HACHER finement le thon et l'arroser de jus de citron. Laisser reposer 5 minutes au réfrigérateur, puis ajouter les herbes et les échalotes.

INCORPORER quelques cuillerées d'aïoli à la préparation de thon ; saler et poivrer. Servir avec du pain grillé et le reste d'aïoli.

TATAKI DE THON

4 PORTIONS / MARINADE : 24 H
RÉFRIGÉRATION : 2 H / CUISSON : 4 MIN

1 LB	THON ROUGE	500 G
2 C. À SOUPE	SAUCE HOISIN	30 ML
1 C. À THÉ	SAMBAL ŒLEK	5 ML
	(PÂTE DE PIMENT ASIATIQUE)	
1	TIGE DE CITRONNELLE	1
	HACHÉE	
2 C. À SOUPE	GINGEMBRE FRAIS,	30 ML
	HACHÉ	
	LE JUS DE 1 CITRON	
2/5 TASSE	SAUCE SOJA	100 ML
3 C. À SOUPE	HUILE DE SÉSAME GRILLÉ	45 ML
1/2 C. À THÉ	PÂTE DE WASABI	2 ML

DÉPOSER le thon dans un plat convenant à sa taille. Mélanger énergiquement le reste des ingrédients dans un bol, puis verser sur le thon. Couvrir et laisser mariner 24 heures au réfrigérateur.

RETIRER le poisson de la marinade (réserver celle-ci) et laisser égoutter 2 heures au réfrigérateur.

GRILLER le thon sur tous les côtés à la flamme du gaz ou à l'aide d'une torche, en gardant l'intérieur cru. Couper ensuite en tranches très fines de 1 1/2 po (4 cm) de côté sur 8 po (20 cm) de long. Servir accompagné d'un peu de marinade préalablement filtrée.

THON GRILLÉ MARINÉ À LA MANDARINE

4 PORTIONS / RÉFRIGÉRATION : 6 H
CUISSON : 7 MIN

6	MANDARINES EN QUARTIERS	6
	LE JUS DE 1 LIME	
¼ TASSE	HUILE D'OLIVE	60 ML
2 C. À SOUPE	EAU	30 ML
1 C. À SOUPE	MIEL	15 ML
4	DARNES DE THON DE 5 OZ	4
	(150 G) CHACUNE	
	FLEUR DE SEL	
	POIVRE CONCASSÉ	

PASSER la moitié des mandarines au robot. Ajouter le jus de lime et 3 c. à soupe (45 ml) d'huile. Mélanger de façon à obtenir une vinaigrette et réserver.

CHAUFFER le reste de l'huile dans une poêle. Ajouter les autres mandarines, l'eau et le miel, et cuire à feu doux 5 minutes. Laisser refroidir, incorporer délicatement à la vinaigrette et verser sur le thon. Saler, poivrer, couvrir et laisser mariner au moins 6 heures au réfrigérateur.

RETIRER le thon de la marinade, éponger délicatement et cuire sous le gril du four 1 minute de chaque côté. Servir avec la vinaigrette.

THON MI-CUIT LAQUÉ À L'ÉRABLE ET AUX ÉPICES

4 PORTIONS / CUISSON : 15 MIN

1	NOIX DE BEURRE	1
1	ÉCHALOTE SÈCHE HACHÉE	1
3 C. À SOUPE	SIROP D'ÉRABLE	45 ML
2 C. À SOUPE	SAUCE SOJA	30 ML
1 C. À SOUPE	JUS DE CITRON	15 ML
1 C. À THÉ	GRAINES DE MOUTARDE	5 ML
1 C. À THÉ	GARAM MASALA	5 ML
1	BRANCHE DE THYM	1
4	PAVÉS DE THON DE 5 OZ	4
	(150 G) CHACUN	
2 C. À SOUPE	HUILE D'OLIVE	30 ML

CHAUFFER le beurre dans une casserole et colorer légèrement l'échalote. Verser le sirop d'érable et porter à ébullition. Déglacer avec la sauce soja et le jus de citron.

RÉDUIRE le feu, puis ajouter les graines de moutarde, le garam masala et le thym. Cuire à feu doux jusqu'à l'obtention d'une laque sirupeuse. Filtrer et laisser refroidir à la température ambiante.

À L'AIDE d'un pinceau, badigeonner un côté des pavés de la préparation de sirop. Chauffer l'huile dans une poêle et cuire à feu doux du côté non badigeonné, sans retourner (la cuisson se fait à l'unilatérale ; la surface du thon doit donc rester crue). Laquer à quelques reprises pendant la cuisson.

À L'AIDE d'une torche, griller la surface laquée et servir aussitôt.

SALSA DE THON ET D'AVOCAT

DONNE 1 1/2 TASSE (375 ML)
RÉFRIGÉRATION : 10 MIN

2 C. À SOUPE	HUILE D'OLIVE	30 ML
	LE JUS DE 1 CITRON	
10	BRINS DE CIBOULETTE	10
	CISELÉS	
10	FEUILLES DE MARJOLAINE	10
	HACHÉES	
7 OZ	THON EN PETITS CUBES	200 G
1	AVOCAT MÛR MAIS FERME,	1
	EN PETITS CUBES	
1	GROSSE TOMATE ÉMONDÉE	1
	(voir méthode, p. 181) ET	
	ÉPÉPINÉE, EN PETITS CUBES	
	SEL ET POIVRE	

MÉLANGER l'huile, le jus de citron et les herbes dans un bol. Ajouter le thon, l'avocat et la tomate. Saler, poivrer et réfrigérer 10 minutes.

SERVIR en petites quenelles sur du pain grillé légèrement frotté d'ail.

RAGOÛT PROVENÇAL ET THON EN ROBE DE PANCETTA

4 PORTIONS / CUISSON : 45 MIN

2 C. À SOUPE	HUILE D'OLIVE	30 ML
1	PETIT OIGNON,	1
	HACHÉ FINEMENT	
1	POIVRON ROUGE	1
	EN PETITS DÉS	
3	FILETS D'ANCHOIS	3
	ENTIERS	
2	TOMATES ÉMONDÉES	2
	(voir méthode, p. 181)	
	ET ÉPÉPINÉES	
1	BRANCHE DE THYM	1
1	BRANCHE DE ROMARIN	1
1 C. À SOUPE	CÂPRES	15 ML
1/2 TASSE	HARICOTS BLANCS CUITS	125 ML
	SEL ET POIVRE	
2	GOUSSES D'AIL	2
	EN FINES LAMELLES	
1 LB	THON EN QUATRE	500 G
	GROS CUBES	
4	GROSSES FEUILLES	4
	DE BASILIC	
12	TRANCHES FINES	12
	DE PANCETTA	

CHAUFFER l'huile dans une casserole et faire suer l'oignon sans coloration. Ajouter le poivron et les anchois, et faire suer de nouveau 2 minutes. Ajouter les tomates, le thym, le romarin, les câpres et les haricots ; saler et poivrer. Couvrir et cuire au four 30 minutes à 300 °F (150 °C).

PENDANT ce temps, mettre les lamelles d'ail sur les cubes de thon. Déposer une feuille de basilic sur chacun et les entourer de trois tranches de pancetta. Maintenir à l'aide de ficelle de boucher ou d'un petit pic de bois.

DANS une poêle chaude, poêler à sec les cubes de thon de 30 à 40 secondes sur chacun des quatre côtés. Les plonger ensuite dans le ragoût et poursuivre la cuisson au four pendant 10 minutes.

RETIRER la ficelle ou les pics et servir sur un lit de ragoût.

BROCHETTES DE THON MARINÉ AU YOGOURT ET AU ROMARIN

4 PORTIONS / RÉFRIGÉRATION : 12 H
CUISSON : 4 MIN

1 TASSE	YOGOURT NATURE	250 ML
3 C. À SOUPE	ROMARIN FRAIS, HACHÉ	45 ML
1 C. À SOUPE	CARI	15 ML
1	GOUSSE D'AIL HACHÉE	1
	LE JUS DE 1 CITRON	
	SEL ET POIVRE	
1 ½ LB	THON EN CUBES DE 1 ½ PO (4 CM)	750 G

MÉLANGER tous les ingrédients dans un bol, sauf le thon ; saler et poivrer. Ajouter les cubes de thon, couvrir et laisser mariner 12 heures au réfrigérateur.

ENFILER le thon sur quatre brochettes de bois préalablement trempées dans l'eau. Déposer sur une plaque de cuisson légèrement huilée et cuire sous le gril du four 1 minute de chaque côté.

STEAKS DE THON À LA CAJUN

4 PORTIONS / RÉFRIGÉRATION : 1 H
CUISSON : 4 À 6 MIN

1 C. À SOUPE	AIL HACHÉ	15 ML
1 C. À SOUPE	OIGNON HACHÉ	15 ML
1 C. À SOUPE	PAPRIKA	15 ML
1 C. À SOUPE	GRAINS DE POIVRE NOIR	15 ML
1 C. À SOUPE	GRAINES DE CUMIN	15 ML
1 C. À SOUPE	MOUTARDE EN POUDRE	15 ML
1 C. À SOUPE	PIMENT DE CAYENNE	15 ML
1 C. À SOUPE	THYM SÉCHÉ	15 ML
1 C. À SOUPE	ORIGAN SÉCHÉ	15 ML
1 C. À THÉ	FLEUR DE SEL	5 ML
4	STEAKS DE THON DE 7 OZ (200 G) CHACUN	4
¼ TASSE	HUILE D'OLIVE	60 ML

COMBINER tous les ingrédients dans un bol, sauf le thon et l'huile. Remuer jusqu'à l'obtention d'une préparation homogène, puis enrober le poisson de ce mélange d'épices. Couvrir et laisser reposer 1 heure au réfrigérateur.

CHAUFFER l'huile d'olive dans une poêle antiadhésive (ou chauffer le barbecue) et cuire de 2 à 3 minutes de chaque côté, selon l'épaisseur et la cuisson désirée.

SAUCE TONATO

DONNE 1 ½ TASSE (375 ML) / CUISSON : 5 MIN

⅗ TASSE	HUILE D'OLIVE	150 ML
7 OZ	THON FRAIS	200 G
2	JAUNES D'ŒUFS	2
1 C. À SOUPE	MOUTARDE DE DIJON	15 ML
3	FILETS D'ANCHOIS	3
1 C. À THÉ	CÂPRES	5 ML
	PIMENT DE CAYENNE, AU GOÛT	
1 C. À SOUPE	VINAIGRE BALSAMIQUE	15 ML
	SEL ET POIVRE	

CHAUFFER 3 c. à soupe (45 ml) d'huile d'olive dans une poêle et cuire le thon 5 minutes.

PASSER les jaunes d'œufs et la moutarde au robot. Ajouter le thon et les anchois, puis mélanger par à-coups. Incorporer les câpres, le piment de Cayenne et le vinaigre ; saler et poivrer. Mélanger de nouveau 15 secondes, puis incorporer le reste de l'huile d'olive. Rectifier l'assaisonnement au besoin.

COMMENTAIRE On peut remplacer le thon frais de cette recette par deux boîtes de 100 g chacune de thon blanc à l'huile, soit environ ¾ tasse (180 ml).

POUR ÉMONDER LES TOMATES, PRATIQUER QUELQUES INCISIONS DANS LA PEAU, PUIS LES PLONGER 30 SECONDES DANS L'EAU BOUILLANTE, LES REFROIDIR À L'EAU GLACÉE, LES ÉPONGER ET LES PELER (LA PELURE SE RETIRERA FACILEMENT).

COULIS DE TOMATES

DONNE 12 À 16 TASSES (3 À 4 L)
CUISSON : 2 H 15 MIN

2 C. À SOUPE	HUILE D'OLIVE	30 ML
4	GOUSSES D'AIL HACHÉES	4
1	OIGNON HACHÉ FINEMENT	1
10 LB	TOMATES ROUGES ÉMONDÉES (voir méthode ci-dessus) ET ÉPÉPINÉES	5 KG
1 C. À THÉ	HARISSA OU PIMENT FORT HACHÉ	5 ML
	CORIANDRE ET BASILIC FRAIS, AU GOÛT	

CHAUFFER l'huile dans une casserole, y rôtir l'ail, puis ajouter l'oignon. Une fois celui-ci bien cuit, ajouter les tomates, le harissa et les herbes. Cuire à feu doux au moins 2 heures, puis réduire en purée.

CHIPS DE TOMATES

4 PORTIONS / CUISSON : 6 À 10 H

ÉMONDER la quantité de tomates désirée (voir méthode ci-contre). Couper en tranches fines, épépiner, éponger et déposer sur une plaque de cuisson tapissée de papier parchemin. Saler, poivrer et cuire au four de 6 à 10 heures à 160 °F (71 °C) en laissant la porte entrouverte.

CARPACCIO DE TOMATES

ÉMONDER de belles tomates rouges, jaunes et vertes (voir méthode ci-dessus). Les couper en tranches très fines à l'aide d'une mandoline, les éponger et les disposer sur une assiette de manière que toutes les tranches soient visibles. Bien assaisonner de sel, de poivre, d'un peu de vinaigre de xérès (ou balsamique de qualité) et d'huile d'olive. Parsemer de copeaux de parmesan.

TARTARE DE TOMATES

4 PORTIONS

5	TOMATES ROUGES ET JAUNES, MÛRES MAIS FERMES, ÉMONDÉES (voir méthode ci-contre) ET ÉPÉPINÉES, EN PETITS DÉS	5
3 C. À SOUPE	FROMAGE DE CHÈVRE ÉMIETTÉ	45 ML
1 C. À SOUPE	CIBOULETTE FRAÎCHE, CISELÉE	15 ML
1 C. À SOUPE	CORIANDRE FRAÎCHE, HACHÉE	15 ML
1	ÉCHALOTE SÈCHE HACHÉE	1
1	FILET D'HUILE D'OLIVE	1
1	FILET DE JUS DE CITRON	1
	SEL ET POIVRE	

MÉLANGER délicatement les tomates, le fromage, la ciboulette, la coriandre et l'échalote dans un bol. Ajouter l'huile et le jus de citron ; saler et poivrer.

< TOMATES RÔTIES

4 PORTIONS / CUISSON : 2 H

6	TOMATES ÉMONDÉES	6
	(voir méthode, p. 181)	
	ET ÉPÉPINÉES, EN QUARTIERS	
	SEL ET POIVRE	
	ORIGAN FRAIS (OU AUTRE	
	HERBE FRAÎCHE), HACHÉ	
2	GOUSSES D'AIL HACHÉES	2
I	FILET D'HUILE D'OLIVE	I

ÉTALER les quartiers de tomates sur une plaque de cuisson tapissée de papier parchemin. Saler, poivrer, ajouter l'origan et l'ail, puis arroser d'un filet d'huile.

CUIRE au four environ 2 heures à 200 °F (95 °C) en laissant la porte entrouverte.

BAVAROIS À LA TOMATE

**4 PORTIONS / CUISSON : 35 MIN
RÉFRIGÉRATION : 3 À 4 H**

I C. À SOUPE	HUILE D'OLIVE	15 ML
I	OIGNON ÉMINCÉ	I
I	GOUSSE D'AIL HACHÉE	I
I	POIVRON ROUGE EN DÉS	I
2 LB	TOMATES ÉMONDÉES	I KG
	(voir méthode, p. 181) ET	
	ÉPÉPINÉES, COUPÉES	
	GROSSIÈREMENT	
	HERBES FRAÎCHES	
	(BASILIC, THYM, ORIGAN),	
	HACHÉES, AU GOÛT	
	SEL ET POIVRE	
I	SACHET DE GÉLATINE (7 G)	I
4/5 TASSE	CRÈME À 35 %	200 ML

CHAUFFER l'huile dans une casserole et y faire suer l'oignon, l'ail et le poivron sans colorer l'oignon. Ajouter les tomates et les herbes ; saler et poivrer. Cuire à feu doux environ 30 minutes ou jusqu'à ce que la préparation ait réduit à 1 tasse (250 ml).

FILTRER dans un tamis à gros trous. Incorporer la gélatine préalablement gonflée à l'eau froide et laisser refroidir jusqu'à la température ambiante.

MONTER la crème en pics fermes, puis incorporer la préparation de tomates. Laisser reposer de 3 à 4 heures au réfrigérateur afin de permettre à la gélatine de prendre.

SOUPE FROIDE À LA TOMATE

4 PORTIONS / CUISSON : 5 MIN

I C. À SOUPE	HUILE D'OLIVE	15 ML
I	OIGNON ÉMINCÉ	I
	PIMENT FORT ÉMINCÉ,	
	AU GOÛT	
6	TOMATES JAUNES RÔTIES	6
	(voir recette ci-contre)	
2/5 TASSE	BOUILLON DE LÉGUMES	100 ML
	HERBES FRAÎCHES	
	(BASILIC, THYM,	
	ESTRAGON), AU GOÛT	
	SEL ET POIVRE	
	LE JUS DE I CITRON	

CHAUFFER l'huile dans une poêle et y faire suer l'oignon et le piment à feu doux. Ajouter les tomates rôties, le bouillon et les herbes ; saler, poivrer et cuire 2 minutes.

LAISSER tiédir quelques minutes, ajouter le jus de citron et passer au robot. Rectifier l'assaisonnement au besoin. Servir très frais, après au moins 2 heures de réfrigération.

TOMATES CONFITES À LA VANILLE

4 PORTIONS / CUISSON : 5 MIN
MARINADE : 24 H

1	GOUSSE DE VANILLE FENDUE EN DEUX SUR LA LONGUEUR	1
3 TASSES	HUILE D'OLIVE	750 ML
	BASILIC FRAIS, HACHÉ, AU GOÛT	
4	TOMATES ENTIÈRES (OU UNE VINGTAINE DE TOMATES CERISES)	4
	SEL ET POIVRE	

GRATTER l'intérieur de la gousse de vanille avec la lame d'un couteau pour en retirer les graines.

CHAUFFER légèrement l'huile, le basilic et les graines de vanille dans une casserole. Retirer du feu, ajouter les tomates, couvrir et laisser reposer une journée à la température ambiante.

PELER les tomates, les couper en deux, puis saler et poivrer.

TATIN DE TOMATES

4 PORTIONS / CUISSON : 15 MIN

1 LB	PÂTE FEUILLETÉE	500 G
2 C. À SOUPE	HUILE D'OLIVE	30 ML
2	PETITS BLANCS DE POIREAUX, ÉMINCÉS	2
6	TOMATES RÔTIES (voir recette, p. 183), EN QUARTIERS	6
1 C. À THÉ	CÂPRES HACHÉES	5 ML
	COPEAUX DE PARMESAN	

ABAISSER la pâte à environ ⅛ po (3 mm) d'épaisseur. Cuire au four 10 minutes à 350 °F (180 °C) entre deux plaques de cuisson. À l'aide d'un emporte-pièce, découper quatre cercles de 4 po (10 cm) de diamètre dans la pâte feuilletée cuite.

CHAUFFER 1 c. à soupe (15 ml) d'huile d'olive dans une poêle et faire suer les blancs de poireaux. Déposer une cuillerée de poireaux sur chaque cercle de pâte et étaler les quartiers de tomates rôties autour. Parsemer de câpres, arroser du reste de l'huile et garnir de copeaux de parmesan.

GRANITÉ À LA TOMATE

12 PORTIONS / CUISSON : 30 MIN
CONGÉLATION : 12 H

4 LB	TOMATES COUPÉES GROSSIÈREMENT	2 KG
3	BLANCS D'ŒUFS	3
2 TASSES	EAU	500 ML
	HERBES FRAÎCHES (BASILIC, ROMARIN, THYM), AU GOÛT	
	SEL ET POIVRE	

MÉLANGER les tomates et les blancs d'œufs dans une grande casserole. Ajouter l'eau et les herbes; saler, poivrer et porter à doux frémissement. Laisser mijoter 30 minutes sans remuer ni laisser bouillir.

FILTRER la préparation dans un tamis très fin de façon à obtenir un consommé clair; rectifier l'assaisonnement au besoin. Verser dans un contenant bas et large, puis mettre au congélateur jusqu'à durcissement, environ 3 heures.

PASSER au robot en actionnant par à-coups de façon à briser tous les petits cristaux qui se sont formés. Répéter l'opération une autre fois (congélateur et robot). Remettre au congélateur environ 6 heures et sortir 5 minutes avant de servir (les boules de granité se formeront plus facilement).

SIROP DE POCHAGE À LA VANILLE

DONNE 4 TASSES (1 L) / CUISSON : 15 MIN

4 TASSES	EAU	1 L
2	GOUSSES DE VANILLE	2
	FENDUES EN DEUX	
	SUR LA LONGUEUR	
1 1/4 TASSE	SUCRE	310 ML
	LE JUS DE 1/2 CITRON	

COMBINER tous les ingrédients dans une casserole, porter à ébullition et laisser frémir 10 minutes à feu doux.

COMMENTAIRE Pour pocher des fruits, les plonger dans le sirop chaud et poursuivre la cuisson plus ou moins longtemps selon leur fermeté : 5 minutes pour les pommes, 3 minutes pour les abricots et les pêches, 1 minute pour les fraises, etc. Conserver ensuite les fruits dans le sirop au réfrigérateur pendant une période maximale de 10 jours.

SABLÉS AUX NOISETTES ET À LA VANILLE

4 PORTIONS / RÉFRIGÉRATION : 2 H
CUISSON : 10 MIN

1 TASSE	FARINE	250 ML
2 C. À SOUPE	NOISETTES MOULUES	30 ML
3/4 TASSE	BEURRE MOU	180 ML
1	GOUSSE DE VANILLE	1
	FENDUE EN DEUX	
	SUR LA LONGUEUR	
1	ŒUF	1
1/2 TASSE	SUCRE	125 ML

COMBINER la farine, les noisettes et le beurre dans un bol. Gratter l'intérieur de la gousse de vanille avec la lame d'un couteau pour en retirer les graines et les ajouter au mélange. Incorporer parfaitement l'œuf et le sucre, puis réfrigérer 2 heures.

ABAISSER la pâte à environ 1/4 po (5 mm) d'épaisseur sur un plan de travail légèrement fariné. Découper les formes désirées, les mettre sur une plaque de cuisson tapissée de papier parchemin et cuire à 400 °F (200 °C) 10 minutes ou jusqu'à l'obtention d'une belle couleur dorée.

COMMENTAIRE Si désiré, saupoudrer les sablés de sucre vanillé (voir recette, p. 190) avant de les mettre au four.

GLACE À LA VANILLE

4 PORTIONS / CUISSON : 15 MIN
RÉFRIGÉRATION : 12 H

1 3/5 TASSE	LAIT	400 ML
1/2 TASSE	CRÈME À 35 %	125 ML
2	GOUSSES DE VANILLE	2
	FENDUES EN DEUX	
	SUR LA LONGUEUR	
8	JAUNES D'ŒUFS	8
1/2 TASSE	SUCRE	125 ML

METTRE le lait, la crème et les gousses de vanille dans une casserole; porter doucement à ébullition, puis retirer du feu.

METTRE les jaunes d'œufs et le sucre dans un bol, puis fouetter énergiquement jusqu'à ce que le mélange blanchisse.

RETIRER les gousses de vanille du liquide chaud. Si désiré, les éponger et les réserver pour préparer du sucre vanillé (voir recette, p. 190). Verser une petite quantité du liquide chaud sur les œufs en fouettant. Ajouter le reste du liquide et bien mélanger.

REMETTRE à cuire à feu doux en remuant jusqu'à ce que la préparation nappe une spatule de bois ou qu'un thermomètre à bonbons indique 175 °F (80 °C). Mettre dans une sorbetière et turbiner (ou mettre au congélateur dans un contenant bas et large ; laisser geler environ 12 heures).

< NOUGAT GLACÉ VANILLÉ À L'AMÉRICAINE

4 PORTIONS / CONGÉLATION : 12 H

3	ŒUFS, BLANCS ET JAUNES SÉPARÉS	3
¼ TASSE	SUCRE VANILLÉ (voir recette, p. 190)	60 ML
2 C. À SOUPE	SUCRE	30 ML
1 C. À THÉ	EXTRAIT DE VANILLE	5 ML
½ TASSE	FROMAGE À LA CRÈME	125 ML
1 TASSE	CRÈME À 35 %	250 ML
½ TASSE	FRUITS CONFITS	125 ML

FOUETTER les blancs en neige ferme avec le sucre vanillé ; réserver au réfrigérateur.
METTRE les jaunes d'œufs, le sucre et la vanille dans un bol, puis fouetter énergiquement jusqu'à ce que le mélange blanchisse. Incorporer parfaitement le fromage ; réserver au réfrigérateur.
FOUETTER la crème en pics fermes. Combiner délicatement les trois mélanges, puis ajouter les fruits confits. Verser la préparation dans un plat carré de 9 po (23 cm) et mettre au congélateur pendant au moins 12 heures avant de couper en morceaux.

CRÈME BRÛLÉE À LA VANILLE

6 À 8 PORTIONS / CUISSON : 55 MIN
RÉFRIGÉRATION : 4 H

4 TASSES	CRÈME À 35 %	1 L
2	GOUSSES DE VANILLE FENDUES EN DEUX SUR LA LONGUEUR	2
10	JAUNES D'ŒUFS	10
½ TASSE	SUCRE	125 ML
	CASSONADE	

METTRE la crème et les gousses de vanille dans une casserole ; porter doucement à ébullition, puis retirer du feu.

METTRE les jaunes d'œufs et le sucre dans un bol, puis fouetter énergiquement jusqu'à ce que le mélange blanchisse.

RETIRER les gousses de vanille de la crème chaude. Si désiré, les éponger et les réserver pour préparer du sucre vanillé (voir recette, p. 190). Verser la crème chaude petit à petit sur les jaunes d'œufs en fouettant.

METTRE la préparation dans des ramequins peu profonds allant au four et couvrir de papier d'aluminium. Cuire au bain-marie 40 minutes à 200 °F (95 °C).

RÉFRIGÉRER les crèmes brûlées environ 4 heures. Juste avant de servir, saupoudrer de cassonade et faire caraméliser au four à 500 °F (260 °C).

SABAYON AU CHAMPAGNE ET À LA VANILLE

4 PORTIONS / CUISSON : 10 MIN

4	JAUNES D'ŒUFS	4
½ TASSE	SUCRE	125 ML
2 C. À THÉ	EXTRAIT DE VANILLE	10 ML
1 TASSE	CHAMPAGNE (OU MOUSSEUX)	250 ML
	LE JUS DE ½ CITRON	

METTRE les jaunes d'œufs et le sucre dans un bol rond en métal, puis fouetter énergiquement jusqu'à ce que le mélange blanchisse. Incorporer parfaitement la vanille, puis le champagne et le jus de citron en remuant.

CUIRE à feu moyen au bain-marie en fouettant constamment jusqu'à l'obtention d'une crème légère et onctueuse. Servir le sabayon tiède accompagné de biscuits ou sur des fruits.

TARTE À LA CRÈME CUITE À LA VANILLE

6 À 8 PORTIONS / CUISSON : 50 MIN
RÉFRIGÉRATION : 3 À 4 H

4 TASSES	LAIT	1 L
2	GOUSSES DE VANILLE FENDUES EN DEUX SUR LA LONGUEUR	2
6	ŒUFS	6
½ TASSE	SUCRE	125 ML
1 C. À SOUPE	FARINE	15 ML
1	FOND DE TARTE DE 12 PO (30 CM) DE DIAMÈTRE	1

METTRE le lait et les gousses de vanille dans une casserole ; porter doucement à ébullition, puis retirer du feu.

METTRE les œufs, le sucre et la farine dans un bol, puis fouetter énergiquement jusqu'à ce que le mélange blanchisse.

RETIRER les gousses de vanille du lait chaud. Si désiré, les éponger et les réserver pour préparer du sucre vanillé (voir recette, p. 190). Verser le lait chaud petit à petit sur les œufs en fouettant. Mettre la préparation dans le fond de tarte et cuire au four 40 minutes à 350 °F (180 °C). Réfrigérer de 3 à 4 heures avant de servir.

SUCRE VANILLÉ

DONNE 4 TASSES (1 L) / REPOS : 15 JOURS

4 TASSES	SUCRE	1 L
2	GOUSSES DE VANILLE	2
	FENDUES EN DEUX	
	SUR LA LONGUEUR	

METTRE le sucre et les gousses de vanille dans un grand pot hermétique. Laisser développer les arômes pendant au moins 15 jours.

COMMENTAIRES

LES gousses de vanille déjà infusées dans d'autres recettes conviennent parfaitement à la préparation du sucre vanillé. Il suffit alors de bien les éponger avant de les ajouter au sucre. On peut les réutiliser autant de fois qu'on le veut à cette fin.

DANS une recette qui demande de la vanille et du sucre, on peut remplacer les quatre cinquièmes de celui-ci par du sucre vanillé. Exemple : si on demande 1 tasse (250 ml) de sucre et une gousse de vanille (ou de l'extrait de vanille), on mettra plutôt ⅘ tasse (200 ml) de sucre vanillé et on complétera la tasse par du sucre ordinaire. On omettra alors la vanille.

BLINIS SUCRÉS À LA VANILLE

DONNE 50 BLINIS / CUISSON : 15 MIN

1 ½ TASSE	LAIT	375 ML
1	GOUSSE DE VANILLE	1
	FENDUE EN DEUX	
	SUR LA LONGUEUR	
1 ¼ TASSE	FARINE	310 ML
1 C. À SOUPE	POUDRE À PÂTE	15 ML
½ TASSE	SUCRE	125 ML
3 C. À SOUPE	BEURRE MOU	45 ML
2	ŒUFS BATTUS	2

METTRE le lait et la gousse de vanille dans une casserole, puis porter doucement à ébullition. Laisser infuser 5 minutes et retirer du feu. Si désiré, éponger la gousse de vanille et la réserver pour préparer du sucre vanillé (voir recette, p. 190). Laisser refroidir complètement le lait au réfrigérateur.

COMBINER la farine, la poudre à pâte et le sucre dans un bol. Ajouter le beurre, les œufs et le lait vanillé, puis remuer énergiquement. Laisser reposer 30 minutes à température ambiante.

VERSER la pâte dans une poêle légèrement beurrée, 1 c. à soupe (15 ml) à la fois, de façon à former des disques de 2 po (5 cm) de diamètre. Cuire à feu doux 2 minutes de chaque côté. Servir les blinis tièdes avec de la confiture ou du chocolat fondu.

COMMENTAIRE On peut conserver les blinis au congélateur, puis les réchauffer au four 5 minutes à 400 °F (200 °C).

ABRICOTS RÔTIS À LA VANILLE ET AUX PISTACHES

4 PORTIONS / CUISSON : 20 MIN

¼ TASSE	SUCRE	60 ML
	LE ZESTE RÂPÉ DE ½ CITRON	
1 C. À SOUPE	MIEL LIQUIDE	15 ML
12	PISTACHES	12
	GROSSIÈREMENT HACHÉES	
1	GOUSSE DE VANILLE	1
	FENDUE EN DEUX	
	SUR LA LONGUEUR	
12	ABRICOTS COUPÉS	12
	EN DEUX ET DÉNOYAUTÉS	

COMBINER le sucre, le zeste, le miel et les pistaches dans un bol. Gratter l'intérieur de la gousse de vanille avec la lame d'un couteau pour en retirer les graines et les ajouter au mélange. Ajouter les abricots et remuer délicatement pour bien les enrober.

DÉPOSER les abricots sur une plaque de cuisson tapissée de papier parchemin et cuire au four 20 minutes à 300 °F (150 °C). Servir les abricots tièdes accompagnés de glace à la vanille (voir recette, p. 187).

CRETONS DE VEAU

DONNE 3 TASSES (750 ML) / CUISSON : 45 MIN
RÉFRIGÉRATION : AU MOINS 12 H

I	BRANCHE DE ROMARIN	I
I	BRANCHE DE THYM	I
4	FEUILLES DE LAURIER	4
I LB	VEAU HACHÉ	500 G
I	OIGNON HACHÉ FINEMENT	I
3	GOUSSES D'AIL HACHÉES TRÈS FINEMENT	3
I ½ TASSE	BOUILLON DE VOLAILLE	375 ML
½ C. À THÉ	MUSCADE MOULUE	2 ML
½ C. À THÉ	CANNELLE MOULUE	2 ML
2	CLOUS DE GIROFLE	2

DISPOSER le romarin, le thym et les feuilles de laurier dans une casserole à fond épais.

COMBINER le reste des ingrédients dans un bol et couvrir les herbes de ce mélange. Cuire à feu doux 45 minutes ou jusqu'à ce que la préparation soit épaisse et crémeuse.

RETIRER les herbes et les clous de girofle, puis mettre les cretons dans un moule. Laisser tiédir et réfrigérer au moins 12 heures.

CARPACCIO DE VEAU

4 PORTIONS / CONGÉLATION : I H

3 C. À SOUPE	HUILE D'OLIVE	45 ML
I C. À SOUPE	VINAIGRE BALSAMIQUE DE QUALITÉ	15 ML
I	FILET DE VEAU DE 13 OZ (400 G)	I
	FLEUR DE SEL	
	POIVRE NOIR DU MOULIN	
	LE JUS DE I CITRON	
7 OZ	ROQUETTE	200 G

MÉLANGER l'huile et le vinaigre. Réserver.

DÉPOSER le filet de veau sur une pellicule de plastique. L'emballer en serrant (comme un bonbon) et le mettre 1 heure au congélateur.

À L'AIDE d'un grand couteau, couper le filet en tranches très fines et les dresser sur une assiette. Saupoudrer très légèrement de fleur de sel et de poivre, et arroser de jus de citron. Laisser reposer 15 minutes au réfrigérateur, puis garnir l'assiette de roquette nappée de vinaigrette.

FOND DE VEAU

DONNE ENVIRON 8 TASSES (2 L) / CUISSON : 5 H
RÉFRIGÉRATION : 12 H

4 LB	OS DE VEAU (DES ROTULES, PAR EXEMPLE)	2 KG
24 TASSES	EAU TRÈS FROIDE	6 L
I	GROS BOUQUET GARNI	I
2	OIGNONS COUPÉS EN HUIT MORCEAUX CHACUN	2
2	CAROTTES EN CUBES	2
2	BRANCHES DE CÉLERI TRANCHÉES	2
2	POIREAUX EN GROS MORCEAUX	2
6	GOUSSES D'AIL	6
	GLAÇONS EN QUANTITÉ SUFFISANTE	

METTRE les os dans une grande casserole et y verser suffisamment d'eau pour bien couvrir. Cuire 30 minutes à feu moyen en écumant de temps à autre.

AJOUTER le reste des ingrédients et couvrir d'eau à nouveau. Porter à ébullition et écumer. Réduire le feu et laisser mijoter 2 ½ heures. Écumer au besoin pendant la cuisson.

ÉVALUER la quantité de liquide dans la casserole et y ajouter l'équivalent du tiers en glaçons. Poursuivre la cuisson 2 heures ou plus selon la concentration désirée.

FILTRER le fond de veau dans un tamis fin et réfrigérer le liquide environ 12 heures pour pouvoir retirer facilement le gras à la surface. Mettre dans de petits contenants, puis conserver au réfrigérateur (jusqu'à un maximum de cinq jours) ou au congélateur.

CÔTES DE VEAU ET FINE CROÛTE DE CHAMPIGNONS

4 PORTIONS / RÉFRIGÉRATION : 2 H
CUISSON : 16 MIN

4	CÔTES DE VEAU DE 1 1/4 PO (3 CM) D'ÉPAISSEUR	4
	LE JUS DE 1 CITRON	
2 C. À SOUPE	HUILE D'OLIVE	30 ML
2 C. À SOUPE	HERBES DE PROVENCE	30 ML
3/4 TASSE	CHAMPIGNONS SÉCHÉS (ÉMINCÉS SI NÉCESSAIRE)	180 ML
1/3 TASSE	NOISETTES	80 ML
1 C. À SOUPE	ROMARIN MOULU	15 ML
1 C. À THÉ	SEL	5 ML
1 C. À THÉ	POIVRE DU MOULIN	5 ML
1 C. À THÉ	PAPRIKA	5 ML

METTRE les côtes de veau dans un sac de plastique épais avec le jus de citron, l'huile et les herbes de Provence. Bien enrober et laisser mariner 2 heures au réfrigérateur.

RÉDUIRE les champignons en chapelure au robot, puis les réserver dans un bol.

METTRE les noisettes, le romarin, le sel, le poivre et le paprika dans le récipient du robot, puis mélanger par à-coups. Ajouter aux champignons et bien mélanger.

ÉGOUTTER et éponger les côtes de veau, puis les frotter avec le mélange de champignons. Mettre sur une plaque de cuisson et griller au four 8 minutes de chaque côté à 350 °F (180 °C).

CASSOULET DE VEAU

4 PORTIONS / TREMPAGE : 8 H
CUISSON : 3 H 15 MIN

1 LB	HARICOTS COCOS BLANCS SECS	500 G
1 C. À SOUPE	HUILE VÉGÉTALE	15 ML
	LA VIANDE DE 3 JARRETS DE VEAU EN CUBES DE 1 1/2 PO (4 CM)	
1 OZ	LARD FUMÉ EN GROS CUBES	30 G
1	GOUSSE D'AIL ÉCRASÉE	1
1	GOUSSE D'AIL ENTIÈRE	1
1/2	PETIT BÂTON DE CANNELLE	1/2
2	CLOUS DE GIROFLE	2
1	BRANCHE DE THYM	1
1	BRANCHE DE SARRIETTE	1
1 C. À SOUPE	BEURRE	15 ML
4	SAUCISSES DE VEAU (OU DE MORTEAU)	4
	SEL ET POIVRE	

LA VEILLE, faire tremper les haricots dans de l'eau froide.

CHAUFFER l'huile à feu vif dans une casserole et y colorer les cubes de veau. Ajouter le lard, les haricots égouttés, l'ail, la cannelle, les clous de girofle, le thym, la sarriette et le beurre. Couvrir d'eau et porter à ébullition. Réduire le feu, couvrir et cuire 3 heures à feu doux. Vérifier la consistance de la sauce et des haricots après 2 ½ heures (les haricots ne doivent pas absorber toute l'eau ; en rajouter au besoin).

VINGT minutes avant la fin de la cuisson, ajouter les saucisses entières ; saler et poivrer.

COMMENTAIRE Idéalement, laisser reposer le cassoulet au moins 6 heures au réfrigérateur avant de le réchauffer à feu doux et de servir.

< JOUES DE VEAU BRAISÉES AUX LÉGUMES

4 PORTIONS / CUISSON : ENVIRON 2 H 15 MIN

3 C. À SOUPE	HUILE D'OLIVE	45 ML
2 LB	JOUES DE VEAU ENTIÈRES	1 KG
4	ÉCHALOTES SÈCHES MOYENNES, ÉMINCÉES	4
1	BRANCHE DE CÉLERI EN GROS MORCEAUX	1
1	BLANC DE POIREAU EN GROS MORCEAUX	1
2	CAROTTES MOYENNES, EN GROS MORCEAUX	2
2	PANAIS EN GROS MORCEAUX	2
8	PÂTISSONS (COUPÉS SI NÉCESSAIRE)	8
1	PETIT NAVET BLANC, EN GROS MORCEAUX	1
1 C. À SOUPE	PÂTE DE TOMATES	15 ML
1	BRANCHE DE THYM	1
2	FEUILLES DE LAURIER	2
1 C. À SOUPE	FARINE	15 ML
1/2	BOUTEILLE DE VIN BLANC SEC	1/2
2 C. À SOUPE	PORTO	30 ML
1 1/4 TASSE	FOND DE VEAU (voir recette, p. 192)	310 ML
	SEL ET POIVRE	

CHAUFFER l'huile dans une grande casserole allant au four et y colorer le veau. Retirer la viande et réserver.

BLONDIR les échalotes dans la même casserole. Ajouter ensuite le céleri, le poireau, les carottes, les panais, les pâtissons, le navet, la pâte de tomates, le thym et les feuilles de laurier. Faire revenir 3 minutes, puis ajouter la farine.

MOUILLER avec le vin blanc, le porto et le fond de veau. Saler, poivrer et porter à légère ébullition. Couvrir et cuire au four à 300 °F (150 °C) 2 heures ou plus selon la taille des joues. Servir aussitôt.

ESCALOPES DE VEAU STYLE MILANAISE

4 PORTIONS / CUISSON : 10 MIN

1/2 TASSE	FARINE	125 ML
2	ŒUFS	2
	SEL ET POIVRE, AU GOÛT	
1 1/2 TASSE	CHAPELURE FINE	375 ML
1/4 TASSE	PARMESAN RÂPÉ	60 ML
3 C. À SOUPE	PECORINO RÂPÉ	45 ML
3 C. À SOUPE	PROVOLONE RÂPÉ	45 ML
1 C. À SOUPE	FINES HERBES SÉCHÉES	15 ML
4	ESCALOPES DE VEAU DE 4 OZ (125 G) CHACUNE	4
2 C. À SOUPE	HUILE D'OLIVE	30 ML
2 C. À SOUPE	BEURRE	30 ML
	ROQUETTE	
1	CITRON EN QUARTIERS	1

PRÉPARER trois bols : un premier avec la farine ; un deuxième avec les œufs battus, le sel et le poivre ; et un troisième avec la chapelure, les fromages et les herbes.

FARINER les escalopes, les tremper dans les œufs, puis les passer dans le mélange de chapelure.

CHAUFFER l'huile avec le beurre dans une poêle jusqu'à ce que le beurre soit mousseux. Cuire les escalopes à feu moyen 5 minutes de chaque côté. Servir très chaud accompagné de roquette et de quartiers de citron.

LONGE DE VEAU POCHÉE EN ROBE DE FRUITS SECS

4 PORTIONS / CUISSON : 15 À 20 MIN

I TASSE	FOND DE VEAU	250 ML
	(voir recette, p. 192)	
¼ TASSE	CAFÉ EXPRESSO	60 ML
	SEL ET POIVRE	
½ TASSE	PISTACHES	125 ML
½ TASSE	NOISETTES	125 ML
6	DATTES SÈCHES	6
6	ABRICOTS SECS	6
I C. À SOUPE	PÂTE DE PISTACHES	15 ML
2 TASSES	LAIT À 3,25 %	500 ML
	LE ZESTE DE 2 ORANGES	
	LE ZESTE DE I CITRON	
I	BRANCHE DE ROMARIN	I
I	BRANCHE DE THYM	I
I	BRANCHE D'ORIGAN	I
I½ LB	LONGE DE VEAU	750 G
	FICELÉE EN RÔTI	
I C. À THÉ	ROMARIN FRAIS, HACHÉ	5 ML
I C. À THÉ	JUS DE CITRON	5 ML

VERSER le fond de veau et l'expresso dans une petite casserole ; saler et poivrer. Porter à ébullition, puis laisser mijoter et réduire du tiers. Réserver.

AU robot, hacher grossièrement les pistaches, les noisettes, les dattes et les abricots, puis incorporer la pâte de pistaches. Réserver.

PORTER le lait à ébullition dans une autre casserole avec les zestes et les branches de romarin, de thym et d'origan. Réduire le feu, ajouter le veau et cuire à feu moyen de 10 à 12 minutes pour une cuisson rosée.

RETIRER le veau de la casserole, le déficeler et l'éponger légèrement. Le rouler dans le mélange de noix et de fruits secs.

INCORPORER le romarin haché et le jus de citron à la sauce expresso, et rectifier l'assaisonnement au besoin.

COUPER le veau en tranches de ¾ po (2 cm) d'épaisseur et servir avec la réduction d'expresso.

ACCRAS DE VEAU À LA PERSILLADE

4 PORTIONS / CUISSON : 5 MIN

4	GOUSSES D'AIL	4
I	GROS BOUQUET DE PERSIL	I
5	FEUILLES DE SAUGE	5
3	ÉCHALOTES SÈCHES	3
I	ŒUF	I
13 OZ	VEAU HACHÉ	400 G
	SEL ET POIVRE	
	CHAPELURE FINE	
	FARINE	
2 C. À SOUPE	HUILE D'OLIVE	30 ML

HACHER finement l'ail, le persil, la sauge et les échalotes au robot. Ajouter l'œuf et mélanger de nouveau.

VERSER le mélange dans un bol, ajouter le veau et combiner parfaitement. Saler, poivrer et ajouter un peu de chapelure afin d'obtenir une préparation malléable. Façonner en boulettes de la taille d'une balle de golf et les rouler dans la farine.

CHAUFFER l'huile dans une poêle et dorer uniformément les accras. Si désiré, les passer au four 5 minutes à 350 °F (180 °C) (attention de ne pas trop les cuire). Servir avec une trempette au yogourt ou du tzatziki (voir recettes, p. 201).

OSSO BUCO DE VEAU AUX ZESTES D'AGRUMES

4 PORTIONS / CUISSON : 1 H À 1 H 30 MIN

	FARINE	
4	TRANCHES DE JARRET DE VEAU DE 7 OZ (200 G) CHACUNE	4
²/₅ TASSE	HUILE D'OLIVE	100 ML
2	CAROTTES HACHÉES	2
¼ TASSE	OIGNON HACHÉ	60 ML
½ TASSE	VIN BLANC SEC	125 ML
	LE JUS ET LE ZESTE DE 2 ORANGES	
	LE JUS ET LE ZESTE DE 1 CITRON	
4 TASSES	FOND DE VEAU (voir recette, p. 192), BOUILLON DE BŒUF OU BOUILLON DE VOLAILLE	1 L
2	BRANCHES DE CÉLERI HACHÉES	2
1 ½ TASSE	TOMATES CONCASSÉES EN CONSERVE	375 ML
3	GOUSSES D'AIL	3
1	BOUQUET GARNI	1
1	BRANCHE DE ROMARIN	1
1	BRANCHE DE THYM	1
1	BRANCHE D'ORIGAN	1
	SEL ET POIVRE	

FARINER les tranches de jarret et les tapoter pour enlever l'excédent. Chauffer l'huile dans une casserole à fond épais et y dorer la viande.

AJOUTER les carottes et l'oignon, puis cuire 2 minutes. Déglacer avec le vin, les jus et les zestes d'agrumes.

VERSER le fond de veau dans la casserole, puis ajouter le céleri, les tomates, l'ail et les herbes ; saler et poivrer. Porter à ébullition, réduire le feu, couvrir et laisser mijoter de 45 minutes à 1 ¼ heure ou jusqu'à ce que la viande se détache de l'os.

RETIRER la viande et réserver. Filtrer le jus et faire réduire jusqu'à consistance onctueuse. Servir très chaud.

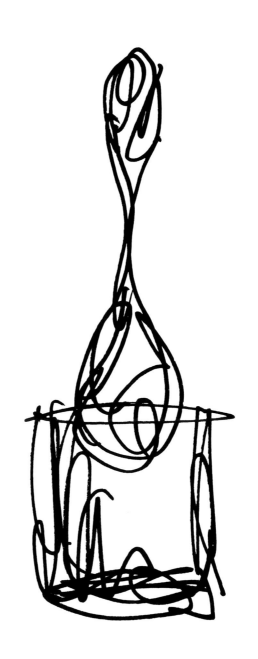

MAYONNAISE AU YOGOURT

DONNE 2 TASSES (500 ML)

2	JAUNES D'ŒUFS	2
	SEL ET POIVRE	
¼ TASSE	HUILE D'OLIVE	60 ML
I TASSE	YOGOURT NATURE	250 ML
I C. À SOUPE	VINAIGRE AROMATIQUE	15 ML

METTRE les jaunes d'œufs dans un bol ; saler et poivrer. Incorporer l'huile graduellement en fouettant vigoureusement. Une fois le mélange émulsionné, ajouter petit à petit le yogourt, puis le vinaigre, en fouettant.

COMMENTAIRE Idéal pour assaisonner les salades sans apport important d'huile.

TREMPETTE AU YOGOURT

DONNE I ½ TASSE (375 ML)
RÉFRIGÉRATION : 2 H

I TASSE	YOGOURT NATURE	250 ML
	LE JUS DE ½ CITRON	
	LE ZESTE DE I CITRON	
3 C. À SOUPE	HUILE D'OLIVE	45 ML
	SEL ET POIVRE, AU GOÛT	

MÉLANGER tous les ingrédients et laisser reposer 2 heures au réfrigérateur.

COMMENTAIRE Pour varier, ajouter 2 c. à soupe (30 ml) d'herbes fraîches ou 1 c. à soupe (15 ml) d'épices moulues.

MARINADE AU YOGOURT

DONNE I ½ TASSE (375 ML)

I TASSE	YOGOURT NATURE	250 ML
	LE JUS DE I CITRON	
10	FEUILLES DE CORIANDRE HACHÉES	10
I C. À SOUPE	GINGEMBRE FRAIS, HACHÉ	15 ML
¼ TASSE	HUILE D'OLIVE	60 ML
	SEL ET POIVRE, AU GOÛT	

MÉLANGER parfaitement tous les ingrédients.

TEMPS DE MARINADE SUGGÉRÉ

Viandes blanches : de 4 à 8 h
Poissons : de 2 à 3 h
Crustacés : de 1 à 2 h

TZATZIKI

DONNE I ½ TASSE (375 ML)
RÉFRIGÉRATION : I H

I TASSE	YOGOURT NATURE	250 ML
I	CONCOMBRE ANGLAIS RÂPÉ	I
I C. À SOUPE	ANETH FRAIS, HACHÉ	15 ML
I C. À SOUPE	ZESTE DE CITRON RÂPÉ	15 ML
I	GOUSSE D'AIL HACHÉE FINEMENT	I
I C. À THÉ	GRAINES DE MOUTARDE ÉCRASÉES	5 ML
	SEL ET POIVRE, AU GOÛT	

MÉLANGER tous les ingrédients et laisser reposer 1 heure au réfrigérateur.

PANADE DE YOGOURT POUR POISSON

DONNE 2 ½ TASSES (625 ML)
ÉGOUTTAGE : 12 H

I ⅔ TASSE	YOGOURT NATURE	410 ML
½ TASSE	CHAPELURE BLANCHE	125 ML
2 C. À SOUPE	RAIFORT PRÉPARÉ	30 ML
I C. À SOUPE	BEURRE FONDU	15 ML
	SEL ET POIVRE NOIR CONCASSÉ, AU GOÛT	

METTRE une passoire au-dessus d'un bol et la tapisser de deux épaisseurs d'essuie-tout. Verser le yogourt et laisser égoutter au moins 12 heures au réfrigérateur afin d'en retirer toute l'eau.

METTRE le yogourt égoutté dans un bol avec le reste des ingrédients et mélanger énergiquement. En badigeonner poisson et fruits de mer avant la cuisson (bar, saumon et pétoncles, de préférence).

VELOUTÉ DE LÉGUMES AU YOGOURT

4 PORTIONS

PRÉPARER un velouté de légumes (le Velouté d'asperges à l'huile de noisette, par exemple, p. 20) et remplacer le lait ou la crème par la même quantité de yogourt nature.

MOULES AU YOGOURT

4 PORTIONS / CUISSON : 12 MIN

2 C. À SOUPE	HUILE D'OLIVE	30 ML
1 C. À SOUPE	BEURRE	15 ML
1 C. À SOUPE	ÉCHALOTE SÈCHE HACHÉE	15 ML
1 C. À THÉ	ESTRAGON FRAIS, HACHÉ	5 ML
4 TASSES	MOULES BROSSÉES	1 L
2/5 TASSE	VIN BLANC DE BONNE QUALITÉ	100 ML
	SEL	
10	GRAINS DE POIVRE ÉCRASÉS	10
3/4 TASSE	YOGOURT NATURE	180 ML

CHAUFFER légèrement l'huile et le beurre dans une casserole, puis ajouter l'échalote et l'estragon. Ajouter les moules et le vin ; saler, poivrer et couvrir. Cuire jusqu'à l'ouverture des moules en remuant de temps à autre (attention de ne pas trop les cuire).

RETIRER les moules de la casserole. Incorporer le yogourt au jus de cuisson et cuire 10 minutes à gros bouillons. Rectifier l'assaisonnement au besoin et verser aussitôt sur les moules.

QUICHE AU YOGOURT

4 PORTIONS / CUISSON : 50 MIN
RÉFRIGÉRATION : 1 H

PÂTE

1 TASSE	FARINE	250 ML
2/3 TASSE	BEURRE DOUX FROID, EN DÉS	160 ML
1	ŒUF	1
1	PINCÉE DE SEL	1
2 C. À SOUPE	PARMESAN RÂPÉ	30 ML

QUICHE

1 C. À SOUPE	HUILE D'OLIVE	15 ML
1	GROS OIGNON, ÉMINCÉ	1
5 OZ	PANCETTA EN DÉS	150 G
2/3 TASSE	FROMAGE RÂPÉ (SUISSE OU MOZZARELLA)	160 ML
4	ŒUFS	4
1/2 TASSE	YOGOURT NATURE	125 ML
4	FEUILLES DE BASILIC CISELÉES	4
	SEL, POIVRE ET MUSCADE, AU GOÛT	

MÉLANGER tous les ingrédients de la pâte, façonner en boule, envelopper dans une pellicule plastique et laisser reposer au moins 1 heure au réfrigérateur.

ABAISSER la pâte et en tapisser un moule à tarte.

CHAUFFER l'huile dans une poêle, puis rôtir l'oignon et la pancetta. Éponger et laisser refroidir.

DANS un bol, mélanger énergiquement à la fourchette l'oignon et la pancetta avec le fromage, les œufs, le yogourt, le basilic, le sel, le poivre et la muscade. Verser dans l'abaisse et cuire au four 45 minutes à 350 °F (180 °F).

INDEX

CRÉDITS

Les Éditions Transcontinental
1100, boul. René-Lévesque Ouest, 24ᵉ étage
Montréal (Québec) H3B 4X9
Téléphone : 514 392-9000 ou 1 800 361-5479
www.livres.transcontinental.ca

Catalogage avant publication de Bibliothèque et Archives
nationales du Québec et Bibliothèque et Archives Canada

Apollo, Giovanni
Apollo
ISBN 978-2-89472-339-5
I. Cuisine. I. Titre.
TX714.A66 2007   641.5   C2007-941190-8

Coordination: Marie-Suzanne Menier
Révision: Pierrette Dugal-Cochrane, Isabelle Jomphe
Correction: Edith Sans Cartier
Photo de l'auteur en couverture: Maurice Richichi
Mise en pages et conception graphique de la couverture:
orangetango
Impression: Transcontinental Interglobe

Imprimé au Canada
© Les Éditions Transcontinental, 2007
Dépôt légal – Bibliothèque et Archives nationales du Québec,
3ᵉ trimestre 2007
Bibliothèque et Archives Canada

Tous droits de traduction, de reproduction
et d'adaptation réservés

Nous reconnaissons, pour nos activités d'édition, l'aide
financière du gouvernement du Canada par l'entremise
du Programme d'aide au développement de l'industrie de
l'édition (PADIÉ). Nous remercions également la SODEC
de son appui financier (programmes Aide à l'édition et
Aide à la promotion).

Pour connaître nos autres titres, consultez le site
www.livres.transcontinental.ca. Pour bénéficier de nos tarifs
spéciaux s'appliquant aux bibliothèques d'entreprise ou aux
achats en gros, informez-vous au 1 866 800-2500.

MERCI À

JEAN CHAPDELAINE
JEAN-JACQUES BERGEOT, DE CACAO BARRY
TONIA DIMOPOULOS
PASCAL GOUBERT
PATRICK LEIMGRUBER
MARIE-SUZANNE MENIER
JEAN PARÉ
MAURICE RICHICHI
JEFFREY ROSENBERG

UN GRAND MERCI À TOUTE L'ÉQUIPE DU
RESTAURANT APOLLO, ET PARTICULIÈREMENT
À KARINE LATULIPPE.

ENFIN, UN MERCI TOUT SPÉCIAL À
CATHERINE REMENDA.

AH E . JAN. 2003

641.5
A

RETIRÉ DE LA COLLECTION
DE LA
BIBLIOTHÈQUE DE LA VILLE DE MONTRÉAL

RELIURE LEDUC INC.
450-460-2105